Viver o Seu Morrer

Dados Internacionais de Catalogação na Publicação (CIP)
(Câmara Brasileira do Livro, SP, Brasil)

Keleman, Stanley
   Viver o seu morrer / Stanley Keleman ; [tradução de Maya Hantower] –
São Paulo: Summus, 1997.

   Título original: Living your dying.
   ISBN 978-85-323-0623-4

   1. Atitude diante da morte 2. Luto – Aspectos psicológicos 3. Morte –
Aspectos psicológicos 4. Perdas – Aspectos psicológicos I. Título.

97-4734   CDD-155.937

Índices para catálogo sistemático:

1. Luto : Aspectos psicológicos 155.937
2. Morte: Atitudes comportamentais: Psicologia 155.937
3. Perda por morte: Aspectos psicológicos 155.937

Compre em lugar de fotocopiar.
Cada real que você dá por um livro recompensa seus autores
e os convida a produzir mais sobre o tema;
incentiva seus editores a encomendar, traduzir e publicar
outras obras sobre o assunto;
e paga aos livreiros por estocar e levar até você livros
para a sua informação e o se entretenimento.
Cada real que você dá pela fotocópia não autorizada de um livro
financia um crime
e ajuda a matar a produção intelectual de seu país.

Stanley Keleman

Viver o Seu Morrer

summus editorial

Do original em língua inglesa
LIVING YOUR DYING
Copyright © 1974 by Stanley Keleman
Direitos desta tradução adquiridos por Summus Editorial

Tradução: **Maya Hantower**
Revisão técnica: **Regina Favre**
Capa: **Brasil Verde/BVDA**

Summus Editorial
Departamento editorial
Rua Itapirucu, 613 – 7º andar
05006-000 – São Paulo – SP
Fone: (11) 3872-3322
http://www.summus.com.br
e-mail: summus@summus.com.br

Atendimento ao consumidor
Summus Editorial
Fone: (11) 3865-9890

Vendas por atacado
Fone: (11) 3873-8638
email: vendas@summus.com.br

Impresso no Brasil

Viver é movimento.
Uma outra palavra para isto é processo.
Viver o seu morrer
é a história do movimento
de sua vida.

para Gail, que me deu Leah,
um momento decisivo em minha vida.

e para meu amigo e editor
Don Gerrard,
cuja ajuda amorosa e sabedoria
tornaram possível este livro.

SUMÁRIO

Adentrando... 13

Experienciando 17

Estilos de morrer 19
Viradas 25
Excitação: Estar Excitado, Estar Acordado 29
Emoção: Migrar, Sair de Si.. 31
Sacrifícios 35
Pesar e Luto 39
Finalizações... 44
Morrendo com Ed.. 47

Mitologizando 55

Uma Base para o Mito 57
Imagens Sociais e Auto-Imagens.. 60
Fazendo sua Experiência Contar — Tornar-se Alguém 65
A Ameaça de Não Existir.. 69
Encarando o Desconhecido 72
Algo em Mim diz Eu.. 77
Tempo Biológico 82
Sexualidade 85

Diálogos Internos 88
Desenvolvendo Diálogos Internos 94
Mudando as Percepções 97
O Desejo de Morrer 102
Fundindo-se 108

O Center for Energetic Studies 110

Uma velha história relata que um amigo perguntou a Platão, no seu leito de morte, como resumiria o grande trabalho de sua vida, Os Diálogos, numa só frase. Platão, voltando de suas visões, olhou para seu amigo e disse: "Exercício para morrer".

ADENTRANDO

Este é um livro sobre a experiência do morrer. Não foi escrito para a pessoa que está morrendo, mas se dirige a todos nós, que morreremos um dia. Ele nos oferece a oportunidade de um maior contato com o nosso corpo e de experimentar como nosso corpo morre. Ele fala como tornar explícita a experiência do morrer.

O que estou tentando dizer é que o morrer não precisa ser amedrontador ou doloroso, quer social ou psicologicamente. E que também pode não haver relação entre nossas *imagens* do morrer e a *experiência* do morrer, entre a *observação* da morte de alguém e o *sentimento* de morrer. A impliação dessas descobertas é que, na nossa cultura, morrer é um fenômeno desconhecido.

Vivemos numa época que nega a morte, que distorce a experiência do morrer através da manutenção dos mitos tradicionais. O que precisamos é de um outro começo, um novo mito, uma nova visão da maturidade e longevidade. Não somos vítimas do morrer; a morte não nos vitimiza. Mas *somos,* sim, vítimas de atitudes superficiais e distorcidas para com o morrer, que concebemos como algo trágico.

Uma maneira de considerar a morte pode se basear na compreensão do processo biológico — de que nossa vida corporal e nossa vida psicológica são uma coisa só. Em vinte anos de experiência como terapeuta, trabalhando com as pessoas, partilhando de suas vidas, partilhando das áreas em que elas se restringiram, do modo como interromperam seu fluxo, testemunhando como elas procuram se libertar, aprendi que o corpo pulsa como um oceano, que a vida do corpo é vivida separada dos papéis sociais e que a dor inibida restringe essa pulsação e esse fluxo. Sei que há uma *vida do corpo vivida fora da vida social e da vida pessoal*. Acredito que uma nova mitologia para o morrer resida nesta vida.

A maior parte das pessoas vive seu morrer como viveu sua vida. As pessoas que raramente se expressam emocionalmente, ou cujas vidas são vividas como miséria e derrota, tendem a morrer dessa maneira. As pessoas cujas vidas são ricas em auto-expressão tendem a morrer expressando a si mesmas. Mas não precisamos morrer como vivemos, como mártires, covardes ou heróis. Não temos que esconder o nosso *self* mais profundo ou o nosso conhecimento de quem desejaríamos ter sido.

A natureza nos treina a morrer pelo exemplo e pela experiência. Assistimos à morte na televisão, lemos sobre ela nos jornais, podemos vê-la nas ruas. Cada um reage do seu modo a essas experiências, mas nossas imagens da morte se formam aqui. Conta-se que Goethe se recusava a ser informado da morte dos seus amigos e se escondia diante da passagem de cortejos fúnebres. Ele proibiu que a palavra morte fosse pronunciada na sua presença e tentou eliminar completamente a morte de sua existência.

Quando falo sobre a morte, faço-o em dois níveis. Há *grandes* e *pequenas mortes*. Estamos sempre perdendo e descobrindo coisas, sempre rompendo com o velho e estabelecendo o novo. Esta é a pequena morte. Minha experiência, meu mito é que a grande morte é semelhante à pequena, pelo menos em termos de processo e sentimentos. Nossas pequenas mortes foram feitas para nos ensinar com o que pode se parecer a nossa grande morte.

Experienciando, a primeira parte deste livro, trata de aprender como falar sobre o que as pequenas mortes suscitam dentro de nós. Mitologizando, a segunda parte trata da substituição de nossas imagens sociais sobre a morte pela nossa experiência, criando assim uma nova visão para nossas vidas.

A morte nos é mais familiar do que suspeitamos. Nosso corpo sabe da morte e, em alguns momentos de nossa vida, estamos irrefutável, absoluta e totalmente comprometidos com ela, com toda a experiência vivida do código genético. O corpo sabe como morrer. Nascemos sabendo como morrer. Conta-se que o homem sofreu um choque quando descobriu que a morte podia não ser inteiramente atribuída a um acidente ou intenções maldosas, mas era antes uma ocorrência rotineira da vida. Alguém morreu. Este choque não é menos grave para nós hoje em dia. Há dois grandes eventos na vida. O nascimento é um deles. A morte é o outro. Muitas vezes, quando peço às pessoas para me contarem seus medos de morrer, elas dizem que não têm nenhum. Pergunto se estão preocupadas com a idéia de morrer e elas me respondem que não. Quando uma pessoa inibe seus sentimentos desse modo, chama-se a isto negação, ou a síndrome do avestruz. Pessoas conectadas com sua negação do morrer estão tão no caminho da autodescoberta como aquelas que podem experienciar diretamente os seus medos. Experienciar é a chave para a autoconexão, a autoformação e a auto-expressão.

Morrer e morte não são sinônimos; são eventos distintos e separados. Sobre a morte quase nada se pode conhecer, do lado de cá da parapsicologia e da fé. Sobre o morrer há muito que se possa conhecer, já que um padrão para morrer é vivido por *toda pessoa* no *seu* tempo de vida. Viver o seu morrer é o viver e o morrer do corpo. É a formatação da carne.

EXPERIENCIANDO

Morrer é aprender como abrir mão daquilo que corporificamos. Estar vivo é estar encarnado, na matéria. Morrer é abrir mão da forma, é estar corporificado e descorporificado, é ter limites e não tê-los. Vivemos nesses dois mundos. Esta parte do livro formula uma linguagem para melhor compreender a nossa experiência.

ESTILOS DE MORRER

Este é um mundo pulsante. Para onde quer que eu olhe, o que quer que eu experiencie, sob o microscópio, por meio do telescópio, nas minhas expressões corporais, vejo o fenômeno da *excitação*. Tudo o que se move está excitado. Há um padrão de ressonância, de harmonias. O viver sobe e desce, entra e sai.

A excitação, esta característica fundamental do viver, é um processo que tem duas fases: *expansão* e *contração*. Como expansão, a excitação dirige-se para fora, é expressiva. A expansão continuada nos dilata, conduzindo para além das fronteiras físicas em direção ao mundo da interação social. Como contração, a excitação considera o *self*, tem a função de juntar nossas partes e nossas impressões, criando um *self* mais pessoal.

Chamo a essas duas características *auto-expansão* e *auto-condensação*. Elas são fundamentais para a vida humana. Expandindo-se do ambiente bioquímico para a atividade celular, a força da vida organiza a si mesma em sistemas e, finalmente, em organismos complexos. A ampliação e foco na individualidade, excitação, expansão e contração, tornando-se pulsação, parecem ser a característica de toda forma de vida, alfa e o ômega do sentimento e da ação. Essa atividade, essa organização da excitação cria vida nova na criança humana. A excitação aumenta depois do nascimento; torna-se auto-expressão quando estabelece limites físicos, psicológicos e sociais nas fronteiras da interação entre criança e mundo. À medida que a criança cresce, esses limites se expandem; a excitação transcende a auto-expressão, deixando para trás os limites biológicos normais da pessoa, para estabelecer uma profunda conexão com o mundo da interação social. Neste ponto, a auto-expressão tornou-se expressão social e novos limites se formam. Dessa maneira, a vida biológica e a sociológica se fundem. O morrer pode ocorrer em qualquer momento do *continuum* desta expansão, como um estágio natural no desenvolvimento da excitação. Um morrer como este é *explosivo* ou dispersivo: o organismo contido explode, rompendo seus limites no mundo. Infartos ou crises cardíacas são exemplos comuns do morrer explosivo. Essa ocorrência é habitualmente súbita; trata-se de um estilo de morrer, uma maneira de o organismo dar fim a si mesmo.

A outra maneira é o oposto desta. Em algum ponto no desenvolvimento da auto-expressão, a excitação torna-se auto-inibidora. O corpo é capaz de proibir uma expansão continuada de si mesmo. Pense no coração que se enche de sangue e se contrai, no estômago que se enche de alimento e se contrai. O corpo se junta a si mesmo, se recolhe, se retrai do mundo social. Aqui, o morrer acontece como uma série de eventos que debilitam ou causam auto-retração, ou como um choque, uma retratação profunda, que se move na direção de uma inibição completa. Um morrer como este é mais provavelmente caracterizado por um conjunto de doenças, freqüentemente longas, cada uma delas exigindo que a pessoa abdique de partes de si mesmo. Chamo *congelamento* a este estilo de morrer.

No estilo congelamento, exatamente como no explosivo, ainda há aprendizagens e experienciação, revelando novas percepções e *insights*. As pessoas mais velhas, em processo de amadurecimento, não precisam se conceber como se estivessem decaindo, mas deveriam se perceber como vivendo um modo de vida que não tem encaixe social.

Parece haver esses dois ciclos no processo formativo — explosivo e congelante, ou expansivo e solidificante. Uma pessoa na fase expansiva dissemina suas experiências no mundo. Uma pessoa na fase solidificante junta suas experiência em si mesma. A crença na excitação chamada vida expande-se e contrai-se, pulsa, e eventualmente rompe seus limites ou encolhe-se dentro de limites menores. Morrer num estilo ou no outro, num ciclo ou no outro, não é uma interrupção da vida, mas uma continuação dela.

As vidas de dois homens famosos, Lyndon Johnson e Harry Truman, mostram claramente as características de auto-extensão e autocondensação que as diferenciaram. Lyndon Johnson viveu e movimentou-se num mundo de poder pessoal em expansão constante – sua carreira política corporifica com precisão minha metáfora da pessoa auto-expansiva. Sua influência parecia estar sempre crescendo. Ele começou sua carreira como professor no Texas e terminou-a como presidente, com uma influência de alcance mundial. Sua morte, de ataque do coração, tipifica o estilo explosivo de morrer.

Harry Truman, um homem calmo, começou trabalhando como vendedor de loja no Missouri e terminou como presidente, passando por uma série de eventos políticos incomuns. Mas, depois, sua vida mudou; recolheu-se, recuou, voltou para o Missouri, encolhendo os papéis sociais, não mais presidente, não mais político, não mais um fazedor de dinheiro, recolhendo a si mesmo, apequenando lentamente seus papéis pessoais — amante, pai, marido. Sua excitação, sua vida, estava se movendo em direção a um nível simplesmente organísmico, no qual ele continuou vivendo, mas com um impacto social ou psicológico reduzido sobre o ambiente. Morrer foi um processo de retração prolongado. A vida de Truman é um exemplo do morrer num ciclo de congelamento.

Cada um desses estilos tem muitas variações. Cada um deles é uma continuidade natural de um estilo geral de expressão de vida. A auto-extensão vai buscar a morte; a autocondensação foge da morte. Os dois estilos são uma expressão direta dos dois lados do padrão pulsatório de excitação, fundamentais para o organismo, fundamentais para todos os processos de vida.

Há padrões gerais de atividade biológica, observáveis na vida da maioria das pessoas, que refletem elementos indicativos do estar em um ou outro ciclo de morte. Por exemplo, certas pessoas parecem ter dificuldade de ir para a cama e outras têm dificuldade em se levantar. Certas pessoas têm dificuldade para dormir à noite. Outras têm dificuldade para acordar de manhã. Às pessoas do primeiro grupo chamo auto-expansivas, sempre se movimentando para fora, dentro do mundo social. Elas parecem adquirir mais experiência a partir da interação com as outras pessoas. O segundo grupo, as autocondensadoras, parecem sempre ter mais contato com elas mesmas do que com o mundo. Elas parecem preferir a privacidade. Querem experienciar a

21

si mesmas profundamente — e, habitualmente, a sós. Essas pessoas provavelmente não estranharão experiências de mudança, como as auto-expansivas. Elas podem se encontrar confirmadas neste livro, enquanto as auto-expansivas avistam um território novo.

Os mitos de todas as sociedades tentam assegurar que nós não morremos mortes destituídas de significado. Eles tentam dar uma via de acesso ao processo de morrer, de modo a que não sejamos arrebatados pelo desespero diante da falta de significado. Para aqueles que encontram sentido nos mitos, eles oferecem um modo social de morrer. E para aqueles que não podem ou não têm uma vaga idéia da possibilidade de um modo próprio de morrer, oferecem um caminho. Desta maneira, o mito procura fornecer a cada indivíduo um modo do seu próprio fim.

A morte e o morrer, para nós, estão escondidos atrás de atitudes datadas que romantizam o processo. São formas sutis de negação. Eis algumas dessas mitologias e seus estilos de morrer:

A morte do herói. Envolvida em imagens de violência, a pessoa morre bravamente, nobremente. A morte é um inimigo a combater. Em última instância, é melhor dar fim à própria vida do que ser vitimado pela morte. Uma morte resplandecente.

A morte do homem sábio. Esta é a morte da resignação. Não há nada que se possa fazer com relação à morte; portanto aceite-a. A morte é um sono, uma bênção, uma volta à natureza ou o final da tarefa de uma pessoa na Terra. Uma morte submissa.

A morte do louco. Não estou morrendo de verdade. A morte é uma espécie de piada cósmica; eu voltarei. De qualquer modo, não há morte, só renascimento. Esta é a morte sem sentido, desnorteada.

A morte do mártir. Dar a sua vida é nobre, um sacrifício por amor, ou por uma causa social ou para expressar a estupidez da vida. Entregar-me-ei à morte. Minha morte será importante para a sociedade. A morte vitimada.

A morte mórbida. A morte é uma ceifeira cruel; esta abordagem é aterrorizante, amedrontadora, dolorosamente ímpia. A morte é um carrasco, o homem é a vítima, as únicas soluções são a esquiva e a negação. Um morrer bizarro.

Cada um de nós vive suas variações sobre essas mitologias do morrer, que se expressam nas viradas das nossas vidas, de maneira aberta ou implícita.

Há atualmente a falta de uma mitologia para a morte do corpo. Também não há lugar para a vida do corpo. Na mitologia atual, o corpo é tratado como uma ferramenta, um escravo, um instrumento, a troca de roupas, uma coisa a ser superada. O corpo é forçado a viver a vida que a mente quer viver e morrer pelos ideais da mente. Não admira que exista medo e terror quando alguém se depara com seus últimos dias. A mente é presa de terror, não só porque teme encarar o vazio da extinção, mas também porque sua fonte está prestes a abandoná-la. O corpo que alimentou, abrigou e transportou a mente se prepara para partir, e a mente quer sobreviver à morte do corpo.

Somos testemunhas vivas, através de nossas vidas e das vidas dos nossos familiares e amigos, de como a mente enfrenta ou evita o morrer. Testemunhamos enquanto corpos a sobrevivência das nossas mitologias. E qual é o nosso testemunho, o que experienciamos? Vidas não integradas, vidas não vividas, vidas parcialmente realizadas, corpos não vividos, corpos estressados, corpos desgastados, velhice prematura, culpa, raiva, medo e negação.

Nossas atitudes sociais negativas em relação ao corpo e aos seus direitos a uma vida plena nos nega o direito de morrer do nosso próprio jeito. Ao viver a vida da sociedade, não nos apercebemos de que também morremos dentro do seu estilo de morrer.

Lembro-me de quando meu avô sofreu um violento ataque cardíaco em casa e o médico encaminhou-o para o hospital, onde ele morreu pouco depois. Minha avó estava cheia de raiva e culpa por não tê-lo deixado morrer em casa, cercado pela família, sentindo-se confortável, guiado e protegido nas suas últimas horas, em vez de morrer em terra estrangeira. Ele não morreu sua morte judaica. Já minha avó não morreu no hospital, mas na casa de minha tia. Ela havia aprendido como queria morrer.

As metáforas básicas do meu trabalho foram tiradas da linguagem e das imagens do corpo. Ao experienciar a si mesmo enquanto corporal, você experiencia o corpo e a mente como uma coisa só — uma pessoa viva, uma determinada pessoa. A metáfora do corpo permite o desenvolvimento de uma nova atitude com relação ao viver e ao morrer. Desenvolvi esta metáfora mais plenamente em *My Body is Alive and More.*[1]

---

1. Simon & Schuster, 1975

Vivemos nossas vidas, nossos morreres, consciente e inconscientemente, voluntária e involuntariamente. Participamos de nossa vida ou a negamos. E podemos, até certo ponto, reconstruir nossa vida na nossa *awareness,*[2] experienciá-la mais uma vez e mudá-la. É disso que também trata este livro. Leia o que Rilke, o poeta, disse sobre morrer em 1910:

"O desejo de se ter uma morte própria está se tornando cada vez mais raro. Em pouco tempo será tão raro quanto desejar ter a própria vida. Céus! Está tudo nisso. Viemos e encontramos uma vida pronta para nós; só precisamos acioná-la. Vamos embora quando desejamos, ou quando somos compelidos a isto. Acima de tudo, não se faz esforço. *Voilà votre mort, monsieur.*[3] Morremos o melhor que podemos; morremos a morte que tem a ver com a doença da qual sofremos... Nos sanatórios, em que as pessoas morrem de tão bom grado, com tanta gratidão pelos médicos e enfermeiras, morre-se de uma das mortes instituídas, o que é visto com muito bons olhos."[4]

---

2. Como o uso do termo já está consagrado em inglês, optamos por mantê-lo no original (N. do E.).

3. Eis sua morte, senhor. (N. do T.)

4. *The Notebook of Malte Iaurids Bridgge*. Rilke, Rainer Maria. Londres: The Hogarth Pres, 1959.

VIRADAS

Na vida de todos nós ocorrem eventos importantes que são o foco de novas direções. As viradas assinalam que um modo de viver acabou e um novo modo está emergindo; são ritos de passagem na vida. São momentos decisivos. Pense no primeiro dia de escola; no começo da adolescência; no primeiro emprego; no primeiro encontro sexual; no funeral de um pai ou uma mãe; no nascimento de um filho; quando se estabelece a rotina da menstruação.

Momentos decisivos são jornadas emocionais. São intumescimentos da vida. São as interseções e intensificações de novos encontros, novas imagens, novos impulsos, catalisando, urdindo riquezas, carregando a atmosfera. São as raízes de novas direções e da autoformação. São os formadores dos nossos corpos.

Um grito de "Eu não quero morrer assim!" despertou-me do sono. Era o meu pai. Sua dor era martirizante, para ele, para mim, para minha família. As doenças de meu pai eram sempre acompanhadas de seu medo de que ele pudesse morrer com dor. Eu, nós, impotentes, estávamos desamparados, seríamos deixados no abandono. Medo, ressentimento, impotência, culpa, tristeza, confusão. Morrer de que modo? Sofrendo? Antes da hora? Sem ter vivido.

Eu já havia conjecturado sobre a morte de pessoas idosas, sobre assassinatos, mas esse foi o meu primeiro encontro sério com o morrer. E ele se repetiu de muitos modos nos anos que se seguiram.

Esta experiência foi um evento significativo, um momento decisivo, um passo na minha vida que me atirou fora da minha infância e para dentro de minha vida de homem. Eu me tornei instantaneamente mais velho, mais sábio. Ali nasceu minha fragilidade e a dos meus à nossa finitude. Aprendi alguma coisa. Passei a pensar diferente. Sentir diferente. Tive de me realinhar em relação ao mundo conhecido porque ele não existia mais. Tornei-me sério. Uma ponta de melancolia entrou em minha vida.

Anos mais tarde, meu pai teve um ataque cardíaco. Eu estava lá, ao seu lado. Ele me pediu para segurar sua mão. Este foi um outro momento decisivo para mim. Captei instantaneamente sua súplica silenciosa: "Eu não quero morrer assim!". Compreendi que meu pai não tinha vivido sua vida, que ele estava doente e morrendo como uma expressão de suas possibilidades não vividas, de seu desamparo, e uma afirmação da tentativa de mudar a sua vida.

Descobrir o nosso morrer é uma virada. Morrer é como o primeiro dia na escola. Morrer evoca o desamparo, o inesperado, desafio ao conhecido. Morrer estabelece novas direções, o ganho de novos poderes, a perda de outros. Abrir mão de padrões de ação, de pensamento, ficar inseguro, ficar excitado, saber que algo está emergindo, mas não saber para onde se está indo. O morrer, como qualquer outra virada, é um lugar de transição, um encarar o desconhecido e a complexidade emergente de novos modos de ser. Novas ações, pensamentos, sentimentos. Cada virada é a resolução de uma perda e um encontro com o desconhecido. O desconhecido consiste naquilo que não reconhecemos ou achamos impredizível, e em nosso sentimento de desamparo diante dele.

A cada virada tendemos a repetir e expandir a maneira como lidamos com viradas anteriores. O que se aprende no primeiro dia de escola, por exemplo, estabelece uma base para padrões sociais que são repetidos e fortificados pelas nossas viradas subseqüentes. Deste modo, os padrões de ação ou não-ação, de pensamento e fantasia, de sentimentos expressos ou contidos tornam-se repetidos, regularizados e fixados. Desse modo, cada pessoa se torna quem ela sabe que é. A pessoa fica mais à vontade com sua resposta à mudança ou à crise — com seus medos, sentimentos adormecidos, movimentos corporais, tensões, pequenos retraimentos.

Esses padrões não se desenvolvem aleatoriamente. São construídos a partir da interpretação e das respostas de cada indivíduo aos mitos sociais vigentes. Os dois mitos mais dominantes em nossa cultura são moldados em relação a papéis sociais. A maioria dos homens desenvolve padrões em torno do mito heróico — imagens de força, conflito, luta contra algo ameaçador ou mau. São Jorge mata o dragão. O homem é rude, agressivo, nunca mostra seus sentimentos, dá continuidade à linhagem familiar e está disposto a morrer (bravamente, sem queixas) pela sua causa. Espera-se da mulher que desenvolva padrões relativos ao mito do mártir — imagens de servir e sacrificar-se, dando sua vida para ajudar seu parceiro e os filhos a alcançar seus objetivos, sempre apoiando os outros, expressando com facilidade sentimentos de amor e sentimentos de perda, permitindo que sua vontade morra por esta causa, esperando sempre ser salva por um homem, sendo sempre o prêmio do vencedor.

Tais padrões são aprendidos primeiro nos anos pré-escolares. Os menininhos brincam de soldado; as menininhas brincam de boneca. À medida que crescem, desenvolvem variações. A pessoa bem-sucedida ou rica vive o mito do homem sábio. A vida é como deveria ser. A morte é um sono, uma resignação. Aceite-a. A pessoa malsucedida ou frustrada vive o mito do louco ou o mito mórbido, da derrota. A vida é uma piada de mau gosto, uma armadilha. Rejeite-a, desafie-a. O morrer não tem significado; a morte é o último insulto.

Cada um vive suas viradas. Cada um lida com elas de maneira singular. Sobre os mitos populares sociais, estabelecem-se os mitos e fantasias pessoais. O mito oferece uma estrutura para a vida de cada um nesses níveis sutis, uma estrutura para a expressão da energia humana por meio de ações, pensamentos, sentimentos, sensações e atitudes corporais. E as viradas suscitam expressões de raiva, dor, excitação, perda, sacrifício, mágoa e outras. Tornar-se consciente do modo como você lida com um momento decisivo é experienciar a si mesmo, é descobrir como você convive com a pequena morte. Viver sua morte é aprender as transformações que surgem das suas viradas.

Desenhei o seguinte diagrama para representar a excitação que se gera nas viradas. Ele representa o modo como os limites se des-formam e como novos limites se formam.

O lado descendente do *loop* é o lugar em que ocorre a perda, em que se cria um novo espaço e em que se experienciam as reações emocionais à perda e ao espaço. O lado ascendente é o lugar em que se

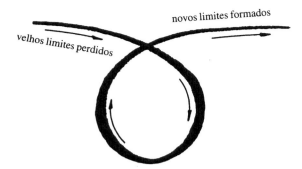

sente uma nova excitação, em que se organizam novas possibilidades, em que se formam novos limites. No lado descendente, abre-se mão de velhos pensamentos, idéias, sentimentos, padrões de ação e conexão. No lado ascendente, novos pensamentos, intuições e sentimentos são transformados em padrões de ação e novas conexões são estabelecidas. Este ciclo é o processo energético a partir do qual os estilos de morrer e os sentimentos moldam-se em padrões de ação à medida que novas conexões se fazem.

A vida pode ser descrita como uma migração através de muitos *loops* formativos, muitas pequenas mortes. Crescimento, mudança e maturação ocorrem des-formando o velho e formando o novo. Nessas pequenas mortes, podemos aprender como viver nossa grande morte.

As viradas são o caldeirão das nossas vidas, as etapas dos nossos nascimentos, nossas autoformações. Não há viradas sem sentimentos de morte; não há autoformação sem finalizações e perdas.

EXCITAÇÃO: ESTAR EXCITADO, ESTAR ACORDADO

A excitação é a cola que nos liga ao mundo. Quando ocorre a perda, a excitação fica sem limites. Esta perda da conexão produz desorientação e medo, mas também provê a energia necessária para a formação de novas relações. Morrer gera excitação, des-forma, desconexão, estados de desconhecido.

Existe uma curiosidade sobre a morte: uma parte está querendo saber, outra parte está apavorada — com medo de saber. Não podemos admitir que queremos saber; não temos o direito de admiti-lo. Vivemos em um estado de ambivalência, um misto de prazer e medo. Há o medo do desconhecido e há o medo de saber.

Excitação é a força que conecta sexo e morte — todos nós sentimos isso. Cada ato sexual é como o ato de morrer — o oposto deveria, poderia ser verdade também. Como lidamos com a excitação, como a excitação expressa a si mesma, fluindo e refluindo, é o mistério da vida. Dizemos que o sexo é prazeroso, que morrer é assustador. Mas ambas são expressões da vida — expandindo, dirigindo-se para fora, transcendendo limites, indo além de nós mesmos, mudando a nós mesmos, penetrando o desconhecido, sendo estranhos. Encolhendo, afastando-nos, fazendo separações, entrando nas profundezas do nosso cosmos pessoal.

A preocupação excessiva com, a violência tem uma relação estreita com a sexualidade. Imagens de assassinato são imagens orgásticas masculinas, nas quais o corpo é violado, aberto ao mundo; nelas algo surge, algo aparece, algo muda, o revólver aponta para você e a grande explosão acontece. Observe que não temos imagens sexuais femininas do morrer. Para mim, todas as imagens violentas são orgásticas; são a excitação que irrompe no mundo. Estão repletas de todos os símbolos do sexo, claro; mas, além deles — e mais importante ainda —, elas estão cheias de uma excitação que conhece a unidade, o anseio de fundir-se, que é básico à vida.

As pessoas que acreditam que morrer é somente mórbido, deplorável, triste ou trágico vêem apenas as imagens públicas. Existem aquelas pessoas que enfrentam a morte em profissões de alto risco, que se arriscam a morrer mesmo que seja assustador, que amam viver neste estado intensificado constantemente. O mistério do morrer não é carregado de medo para todas as pessoas. Nem todos maldizem a escuridão ou se submetem a ela docilmente.

A atividade sexual tem dois lados, tem gosto de atração, de repulsa, tem gosto de duro e de macio, amor e agressão, é pessoal e impessoal. Este mesmo esconde-esconde acontece com a morte. A negação não acentua o sentimento e a curiosidade? Haverá algum ser vivente que não esteja profundamente curioso a respeito do que será a morte para ela? Haverá alguém que não gostaria de morrer cheio de excitação?

Wilhelm Reich assinalou que o ponto culminante do pico da excitação sexual no orgasmo é uma maneira de sairmos de nós mesmos e mergulharmos no universo. O orgasmo nos tira do mundo do conhecido para o mundo do desconhecido; experienciando a ausência de limites por um breve momento, dando-nos uma amostra do que possa ser morrer. Quando temos experiências orgásticas, estamos dizendo: "Eu me deixo levar, eu dou, eu corro o risco, eu morro, eu me fundo, eu me torno um, vou para o cosmos, rendo-me por poucos minutos ao desconhecido". As pessoas podem ter medo de dizer "Eu te amo" e "Eu queria poder morrer" no mesmo fôlego. Ou: "Sinto este amor como uma fusão com o universo, como morrer", ou "Estou abrindo mão de toda a minha vida para o mundo exterior agora". As pessoas aprenderam a não dizer isto, a não sentir isto.

Uma mulher me disse que seu maior desejo, quando está tendo um orgasmo e sente a si mesma começando a desvanecer, é que ela pudesse apenas continuar indo. Ela me disse que queria desvanecer-se dentro do cosmos e não mais voltar. Há muitas maneiras de estar no mundo. Há muitas maneiras de deixá-lo.

EMOÇÃO: MIGRAR, SAIR DE SI

Estamos sempre convivendo com sentimentos de perda, de desamparo, de dor, de raiva e de medo, que emergem nas viradas. Sempre que ficamos sem limites, sempre que a excitação está livre, os sentimentos avolumam-se. Alguns deles nos atormentam, nos aterrorizam à noite. O inesperado me congelou quando me disseram que minha amiga estava morta. Morta. Naquele lindo dia. O choque da descrença afogou meu choro, mas senti que deveria chorar. Eu deveria mostrar tristeza, dor, mas minha descrença, minha raiva irromperam primeiro. Berrei: "O que isto significa? O que aconteceu?". Culpei a mim mesmo, culpei os outros, culpei-a. No dia seguinte, eu tinha de descobrir, compulsivamente, sem descanso, o que acontecera, cada detalhe da sua morte. Meu sofrimento era a ausência de sentido, a absoluta ausência de sentido. Por que isto foi acontecer aos trinta e sete anos? A raiva culposa calou a tristeza, tentando encher o buraco que senti na minha vida.

No funeral, quando os outros foram embora, chorei mais do que em qualquer outro momento da minha vida. Chorei pelo que não foi dito e pelo que não foi vivido. E a angústia da separação tornou-se real. A tristeza me preencheu e diminuiu o sentimento de ter sido enganado, de estar sozinho, de a morte ter acontecido inesperadamente, sem mim. Tudo que eu tinha era um fim imaginado. Do vivo e vital ao nada. Agora, um buraco. Fui para casa com as minhas lembranças, meus sentimentos, um diálogo diferente.

Essa virada alterou minha vida e meus sentimentos, aprofundando o meu conhecimento sobre o preço de se conter, de amenizar o compromisso consigo mesmo. Da torrente de sentimentos e confusão em torno de sua morte surgiu o começo da excitação que me permitiu ter novas relações, que trouxe para minha vida atual o que eu partilhara com ela no meu passado, e mais ainda.

Descobri que o pesar poderia ser expresso gritando, cantando, gemendo, na catarse ou no retraimento, no recuo, no isolamento, na contemplação, na prece. Às vezes, meus sentimentos ocorriam de modo irruptivo, outras de modo congelado. Eu gritava de dor ou enrijecia. A dor me carregava para fora de mim mesmo ou me contraía numa bola.

Deixar acontecer é o desejo de experienciar incondicionalmente, mas isto só pode ser possível quando morre alguém. Deixar acontecer significa violar a regra de nunca ceder ao corpo. Deixar acontecer mobiliza sentimentos de desamparo. Ficamos "perdidos", sem saber o que fazer. A dor da perda intensifica o desamparo.

Paradoxalmente, nem toda perda mobiliza esses sentimentos. Identificamos certas perdas como uma boa libertação e agradecemos nossa boa estrela pela sorte que tivemos. Veja como certas pessoas florescem quando seu cônjuge morre.

Em todos esses anos como terapeuta, o medo de ficar só emerge como um dos receios mais consistentes que as pessoas têm. Esse medo é suficientemente forte para impedir que elas terminem relacionamentos negativos. Para muitas pessoas, uma relação negativa ou destrutiva é preferível a ficar só. Há pessoas que farão todo tipo de sacrifício para não correr o risco de sentir o seu vazio. Outras expressam este medo como um sentimento de estar sendo arrebatado por sensações.

Medo e raiva são as reações básicas de defesa na vida. O medo é uma resposta de autocondensação, a raiva é uma resposta de auto-expansão. Medo e raiva — recuo e ataque. Uma pessoa usa uma ou outra dessas reações para tentar manter a integridade de suas fronteiras e evitar a mudança ou a perda.

O meu mundo é subitamente fragmentado pela morte de alguém. Posso sentir raiva porque ela está me deixando, ou medo de ser deixado sozinho. Minha resposta é uma tentativa de encher os espaços vazios ou agir como uma ponte para um novo espaço. Quando Alan

Watts morreu subitamente, no final de 1973, minha primeira reação foi de raiva. "Meu Deus, por que você fez uma coisa dessas logo agora!" Watts desistiu de mim, não vivendo de acordo com as minhas expectativas com relação a ele. Eu precisava dele, mas ele se foi.

Raiva e medo, expansão e contração são respostas perfeitamente naturais, embora nem sempre correspondam à imagem social esperada de tristeza ou sofrimento diante da morte de alguém. Mas, mais importante do que isso, são respostas necessárias para a pessoa, respostas que agem no sentido de preservar sua integridade, sua unidade, e evitar ou corrigir a quebra do limite.

Exatamente como posso amar e odiar alguém ao mesmo tempo, uma parte de mim pode querer que alguém morra e outra parte não. Uma parte de mim está compreendendo e outra parte está tremendamente ressentida. Parte de mim se aflige quando o outro morre e parte de mim pode se aperceber de que sua morte foi uma dádiva; que, de alguma forma, a morte daquela pessoa me tornou mais livre ou mais vazio, ou me desafia com novas possibilidades.

A raiva é uma emoção poderosa para resolver o fim de alguém. Uma mulher que conheci estava morrendo de câncer. Ela me disse ter visto seu falecido marido pedindo ajuda, num sonho. Recusou-se raivosamente a ir. Sua filha ficou surpresa com sua raiva implacável e sua negação do marido. A resposta da mulher foi que, dessa forma, ela conseguiu, pela primeira vez, expressar seu ressentimento pelo martírio de toda a sua vida. Ela morreu seu protesto; não o aplacou.

Desamparo é a dor básica da vida. Uma ferida que dispara o que reconhecemos como dor – uma perturbação na integridade do corpo — envia uma mensagem: "Faça algo". Quanto maior a perturbação, mais forte a mensagem. Quando não podemos fazê-lo por nós mesmos, quando não podemos reagir para aliviar a dor, esse estado aciona todos os botões de sobrevivência. Nem mesmo uma criança fica tão desamparada. À medida que nos descobrimos incapazes de responder a nós mesmos, a dor aumenta progressivamente e nos submerge, ou ameaça nos submergir. A dor mais real é o nosso desamparo.

Nina Bull[5] contou-me uma história interessante a respeito de sua descoberta da relação entre *awareness* e dor. Na cadeira do dentista,

---

5. Autora de *The Attitude Theory of Emotion; The Body and Its Mind.*

ela se apercebeu de que tentava impedir a dor se enrijecendo. Tudo o que ela conseguia, na verdade, era localizar a dor na sua boca e se amortecer inteira. De fato, a dor, assim localizada, tornou-se mais aguda. E o preço que ela pagou por localizar a dor foi o de ter de diminuir ou dissociar-se do resto de si mesma. Penso que todos nós cometemos este engano ao tentar lidar com a nossa dor.

A história de Nina ensinou-me que se enrijecer, se contrair, localizar o que está acontecendo conosco pode ser uma derrota. Sua história me fez pensar na observação muito profunda de Sigmund Freud de que, na nossa vida psicológica, toda negação é uma afirmação.

SACRIFÍCIOS

Sacrifícios são expressões corporais silenciosas de momentos decisivos. São barganhas ou pactos através dos quais parecemos tentar ganhar o direito de viver ou tornar nossas vidas preciosas demais para nos serem tomadas. São barganhas que envolvem diversas partes de nós mesmos, ou terceiros, e exigem a restrição ou rendição de parte do *self.* Sacrifícios são os acordos que fazemos em situações de crise, forçando um compromisso com a nossa própria auto-inibição. Mas há mais do que sobrevivência implicada num sacrifício. Na verdade, estamos formando a nós mesmos na nossa barganha. Sem sacrifícios nunca poderemos nos tornar alguém. O sacrifício é uma característica do processo formativo de todos nós.

Todo sacrifício tem duas partes. Em troca da modificação ou do bloqueio dos nossos medos, concordamos em viver parte do estilo de vida de outra pessoa e corporificar essa atitude na nossa musculatura. A barganha se dá entre os papéis que podemos e não podemos viver, entre os sentimentos ou pensamentos que podemos ou não podemos permitir que existam. A decisão é nos corporificarmos de uma maneira específica; em troca, concordamos em fazer alguma coisa. "Desde que eu não morra, serei uma pessoa assim ou assado". "Serei um bom menino, portanto não ameace me machucar", o que poderia ser traduzido por: "Não ameace me matar, ou, não me ameace com o isolamento". O sacrifício poderia ser lido como: "Farei o que você quiser, se não me rejeitar". Então o fazer o que os outros querem fica corporificado como uma contração muscular, que você chama de sua rigidez crônica no pescoço ou uma crença imutável. A barganha estabelecida se reflete no modo como você escolhe não agir.

O sacrifício envolve uma promessa de não falhar e uma promessa de viver de acordo com os objetivos de outra pessoa — os de uma mãe, de uma família, de uma cultura. Este conceito implícito de negação do fracasso é uma parte íntima da barganha. Você promete não perder o controle, não trair sua parte do acordo, aconteça o que for. Isto conduz a um medo mais poderoso de morrer, que emerge do conhecimento secreto de que, mantendo a barganha, não vivemos nossos verdadeiros desejos.

Fazer um sacrifício também significa nos projetarmos em algum tempo futuro. "Não viverei meus impulsos atuais agora." "Não serei sexual demais agora, só quando eu casar." "Não farei realmente o que quero agora. Eu o farei depois de realizar minhas ambições." Esta é a parte que deve ser limitada ou não preenchida.

Nos nossos primeiros anos de vida, fazemos nossas barganhas com o outro mundo — o mundo fora de nós, habitualmente nossos pais. "Não terei uma crise de birra", "Não chorarei", "Não o deixarei ansioso", "Prometo escutar" — coisas assim.

Quando as crianças começam a ir à escola, têm de aprender no início a abrir mão de algumas partes de si mesmas para receber aceitação ou aprovação. Elas podem ter de abrir não ou inibir a espontaneidade para ganhar a aprovação do professor. Elas podem ter de postergar gratificações. Podem ter de fazer coisas sem as suas mães. Podem ter de sacrificar um mundo no qual eram o centro das atenções para se tornar parte do seu novo grupo. O modo como a criança aprende a fazer essas coisas, aquilo de que ela deve abrir mão, o que ela deve parar de fazer, isto é o sacrifício.

Mais tarde, a barganha vem inteiramente de dentro. Prometemos a nós mesmos que faremos boas ações, prometemos a nós mesmos que não faremos o que fere outras pessoas, que faremos pelos outros o que gostaríamos que eles tivessem feito por nós. Começamos a fazer toda uma série de barganhas interiores, no que diz respeito à nossa conduta no mundo social.

O sacrifício clássico se expressa como: "Se eu for um bom menino ou uma boa menina, algo que temo não acontecerá comigo". As variações podem ocorrer do seguinte modo: "Se eu for uma pessoa caridosa, a pobreza não acontecerá comigo"; "Se eu for uma boa mãe, viverei mais tempo"; "Se eu for um líder sábio e generoso, não serei morto"; "Se o professor gostar de mim, aquilo que temo não acontecerá"; "Se eu trabalhar duro, papai me amará e não serei abandonado". Esse comportamento procura evitar quaisquer situações, imagens ou sentimentos que, segundo a pessoa, criem a possibilidade da sua morte, suavizando-o um pouco para ela.

Trair o nosso sacrifício nos confronta, de repente, com os espectros da culpa e do castigo, ou do desconhecido, que é parte do nosso medo. Desafiar um sacrifício é encarar as mesmas forças emocionais que nos conduziram a fazê-lo anteriormente. O dilema cria uma nova realidade para nós, uma realidade em que o próprio sacrifício se torna uma defesa contra sentimentos ou imagens da morte e suas conseqüências.

Trair um sacrifício é nos colocar sob a ameaça do desamparo e das nossas idéias e sentimentos do que poderá ser a morte. Em qualquer situação perigosa, nosso mecanismo de reação tenta parar o perigo ou eliminá-lo. O cérebro pede uma ação muscular, uma contração. Aquela contração muscular crônica aparentemente evita, nos distancia de morrer ou retarda e encapsula nossos processos vitais. Nossa percepção é: "Me salvei".

Percebo-me sob a ameaça da morte. Estou em pânico. Então percebo que, com uma contração muscular, eu me alterei e salvei a mim mesmo. Fantasiei uma alternativa. "Não posso prosseguir; tenho de voltar." "Não posso fazer daquele jeito; farei de outro." "Não posso continuar com esta pessoa; preciso encontrar outra." Qualquer que seja a alternativa resultante, ela tem origem na vida imaginativa. O preço deste sentimento de autopreservação é uma diminuição do nosso ser e a aceitação de uma existência fantasiada, do tipo: "Desta maneira viverei mais tempo". A contração crônica nos inibe no movimento para dentro do mundo.

Aqui está a conexão entre o perigo psíquico e viver a alternativa fantasiada em relação àquilo que evoca o perigo como uma atitude básica de vida. Ao aprender o que evitar e como evitá-lo, criamos padrões de ação cujas conseqüências são percebidas como limitações reais e como liberdades reais. "Não posso viver quem eu sou verdadeiramente." A fantasia vivida está profundamente associada com o sentimento de morte que a criou. Nosso mundo social é criado com base neste tipo de contradição, e levamos parte dela dentro de nós toda a vida.

Comecei a experienciar alguns dos meus sacrifícios tentando aprender como eles se expressavam através dos meus gestos, meus pensamentos e sentimentos. Quem é este personagem que me tornei? Quais são os papéis que desempenho na vida aos quais chamo "eu"? Que contrações musculares me moldam esses papéis, como uma roupa que não posso despir? Como aprendi a sorrir o tempo todo, franzir a testa, ou ser tão convincente ou tímido? Essas atitudes são uma parte da linguagem do corpo e de como uso a mim mesmo socialmente.

PESAR E LUTO

Pesar e luto têm a ver com estar abandonado e em estado de perda. São as conseqüências naturais da perda de limites. Todas os pesares e lutos dizem respeito a conexões cortadas, que se traduzem no modo como fazemos ou não fazemos finalizações. Pesar é o sentimento de perda diante de uma conexão interrompida ou quebrada, e luto é o processo de incorporação dessa perda na nossa vida. O pesar começa habitualmente com o inesperado e é a expressão emocional deste espaço recém-criado ou da conexão terminada. Luto é o processo de trabalho sobre este.

Há muitas similaridades entre o pesar pelo morrer do outro e o pesar pelo seu próprio morrer, ou entre o luto pela perda de um amigo e o luto pela perda de você mesmo. Podem ser a mesma coisa. Nos dois casos, seu processo de luto segue geralmente o mesmo padrão: choque inicial; uma onda de sentimentos e expressão emocional; elaboração da infinitude; busca de novas relações com você mesmo e com os outros. Nos dois casos, o objeto do seu pesar e luto é você mesmo, mas em um caso você é o sobrevivente e no outro, não. Uma pessoa pode ser capaz de aprender, a partir de suas experiências de pesar e luto relativas aos outros, como lamentar-se e enlutar-se pela perda de si mesma.

É quase sempre verdade que, com o impacto emocional da morte ou a morte iminente de alguém, sentimos que sua morte é trágica. Temos a imagem de que a morte da pessoa é uma interrupção de sua vida, de que não era isto o esperado da vida daquela pessoa. No entanto, sentimentos trágicos e assustadores não são uma resposta universal. Não é esta a única maneira de encarar a morte de alguém. São, na verdade, uma noção cultural peculiar, uma idéia que ocorre mais provavelmente a um observador impessoal, a alguém fora da sucessão de eventos organísmicos pelos quais a pessoa que está agonizando viveu. Este conceito — de que a morte de alguém não precisa ser um evento infeliz, trágico ou uma interrupção na sua existência organísmica, mas o término lógico do seu processo — provê um sentimento e uma imagem totalmente diferentes da morte do outro e de sua própria morte. A morte de uma pessoa pode ser percebida como socialmente trágica, na medida em que ela morreu antes de cumprir um destino óbvio ou esperado (John F. Kennedy é um bom exemplo). Mas é claro que o organismo não prioriza as realidades sociais acima de tudo. A situação inversa também ocorre, porque luto não precisa significar tristeza e perda. A morte de alguém pode ser percebida como um alívio ou até como uma alegria, uma nova liberdade. Penso nos relatos de êxtase quando da notícia da morte de Stalin. Na verdade, a morte de uma mesma pessoa pode desencadear muitas reações diferentes, do pesar à alegria. Mas, para cada pessoa envolvida, há um luto, não importa qual seja sua emoção específica.

Luto é a liberdade de expressar sentimentos que não eram ou não podiam ser expressos sob circunstâncias de vida normais. Estar de luto pela morte dos outros é uma maneira de ensaiar a nossa morte. Mas o luto não é só isso; é também um ritual de expressão de alguns dos sentimentos mais profundos e íntimos da nossa existência.

Se você inibir a exteriorização do seu pesar, pode ficar doente. Você pode começar seu luto pela depressão crônica ou se enredar em comportamentos ansiosos, comportamentos ritualísticos repetitivos (tais como tiques ou lavar as mãos continuamente), ou uma raiva excessiva, incontrolável. O pesar não vivido pode causar dor, depressão, medo e comportamentos bizarros, como continuar um diálogo com os falecidos na fantasia, como se eles ainda estivessem vivos, tentando manter as velhas relações, não admitindo a necessidade de novas relações. Cada um de nós tem medo de expressar raiva e tristeza, medo de chorar e lamentar a perda de partes de nós mesmos das quais tivemos de abrir mão em diferentes estágios da nossa vida. Cada um de nós teme perder o autocontrole dessa maneira. Mas quando o pesar não pode se expressar adequadamente, ele emerge como parte das nossas vidas não vividas — nossas fantasias e medos. Uma jovem mulher que conheci liberou dramaticamente as emoções que vivia desde a morte de seu pai. O evento era um *workshop* sobre a morte e o morrer. A mulher estava no grupo com vinte ou mais pessoas. Estas foram andando em círculo e apresentando-se, até que chegou a vez dessa mulher, que parecia quase incapaz de falar. Era uma moça atraente, de vinte e poucos anos, e estava profundamente perturbada. Mantinha sua cabeça inclinada de lado e parecia ter dificuldades para falar. Tão logo disse-nos seu nome, contou abruptamente que seu pai tinha morrido de câncer exatamente há duas semanas. Durante os dois dias do *workshop,* aos poucos toda a sua história acabou vindo à tona.

Ela estava perturbada porque não nutria sentimentos pelo namorado e porque seu pai tinha morrido. Ela sentia muita raiva por seu pai ter parecido se submeter tão resignadamente ao seu destino nas mãos dos médicos e por ele tê-la deixado. Sentia ciúme da mãe, a quem via como não amando ou apreciando de verdade o pai martirizado. Ela queria o amor de seu pai e sentia raiva e frustração por tê-lo perdido, tanto para a mãe quanto para a morte. No funeral, ela colocara secretamente uma rosa no seu caixão.

O ponto que quero abordar tem dois desdobramentos. Primeiro, a complexidade dos sentimentos que essa mulher expressou com relação aos seus pais e a ela mesma é comum a todos, mas é freqüentemente escondida por medo e vergonha. Segundo, à medida que ela expressou seus sentimentos ao longo do *workshop,* houve uma redução visível de suas ansiedades e tensões; ela chegou a recuperar, às vezes, sua voz natural. Não sei se estava sob cuidados profissionais e nunca mais a vi de novo, mas esta parte de sua vida demonstra claramente um dilema comum a muitas pessoas. O pesar que não se expressa emerge como distúrbio de comportamento orgânico ou social.

Uma parte da experiência dessa mulher, e da de todos, é que não há socialização do luto. A maioria das pessoas não fala com ninguém sobre o morrer — sobre a sua morte ou a dos outros — porque ninguém assume o papel necessário que torna viável uma conversa deste teor. Poucos padres, médicos ou agentes funerários querem se envolver com os processos emocionais da morte. Mas você não pode negar as experiências das pessoas. Todo mundo tem imagens da velhice, do isolamento, da doença, da dor, de morrer, do depois. Habitualmente, as pessoas guardam dentro de si essas imagens e os medos correspondentes até que elas sejam acionadas pelo pesar ou pela perda.

O modo como falamos sobre o luto pela morte de outra pessoa se relaciona com a nossa própria morte. O modo como reagimos à morte de outra pessoa é o modo como reagiremos à nossa própria morte. Cada um de nós, durante a vida, lamenta a perda de amigos e de estágios de nossa existência, como a infância e a adolescência. Essas experiências podem nos instruir em nosso processo de luto. Por intermédio delas, podemos aprender como nos enlutar e prantear a nós mesmos.

Parte do processo de luto voltado para nós mesmos é que pranteamos a morte do nosso corpo e do nosso *self* social. Pranteamos a perda da profundidade da relação que nosso corpo nosso *self* social foram capazes de manter. É imprescindível lidar com isso. A morte do corpo é a morte do corpo e temos de pranteá-la. Vejo a minha própria morte na morte dos outros. Sento-me ao lado do leito de morte do outro e seguro sua mão, mas medito sobre a minha própria morte.

Lembro-me de que, há alguns anos, quando uma namorada minha morreu, pranteei-a por um bom tempo. E meu luto oscilou da tristeza profunda à raiva. Eu sentia que a sua morte era injustificada (ela havia morrido num acidente) e eu estava com raiva da sua estupidez, por ter matado a si mesma. Minhas emoções eram de tristeza profunda, choro, saudade e raiva. Um dia, ela apareceu-me num sonho. Disse que minha dificuldade era que eu estava tentando evitar o inevitável. Então compreendi que parte do meu pesar era causado pela minha não-aceitação daquele fato. A morte de todo mundo é inevitável. Eu simplesmente continuei encenando vezes sem fim tudo aquilo que poderiam ter sido feito para mantê-la viva e tudo que ela poderia ter feito. Portanto, no sonho, ela me lembrou de que eu estava tentando fazer o impossível. Aquele sonho foi uma experiência de humildade para o meu ego. Mas eu ainda estava com raiva. Então tive outro sonho, e dessa vez minha namorada disse: "Por que você não me deixa ir embora? Você está me torturando prendendo-se a mim".

Mais tarde, pude explicar este sonho como uma pessoa viva vindo até a mim e dizendo: "Você está me torturando se prendendo a mim com todos esses sentimentos negativos, ou todos esses sentimentos amorosos". Compreendi que o luto tinha acabado e eu tinha que deixar sua imagem partir. E ela partiu. Agora havia uma nova relação, ela era parte de mim e ela também tinha ido embora. E, deste modo, finalmente encerrei meu luto.

FINALIZAÇÕES

Viradas são o término do velho e o começo do novo. Elas falam do modo como encerramos eventos. Elas falam do modo como proibimos ou participamos de finalizações. Tememos as finalizações, desejando deixar os eventos adormecidos.

Há diversas maneiras de ocorrerem finalizações. Pense num ovo quebrado, transbordando dos seus limites. Ou há o ovo duro cozido, que se solidifica ou enrijece, que se isola como uma bola no espaço, sem conexão com o mundo. Podemos experienciar o nosso espaço como sendo vazio ou denso, não preenchido ou excessivamente preenchido.

As finalizações nos colocam face a face com o desconhecido. As finalizações nos forçam a fazer novas relações ou, pelo menos, oferecem esta oportunidade. O luto é a conseqüência da partida e das finalizações. Pode-se dizer que o fim é a cornucópia de um momento decisivo. Muitos dirão: "Aquela pessoa é insubstituível para mim". A verdade é que o fim nos força a começar a ser mais autoconfiantes ou, pelo menos, oferece essa oportunidade.

Mas as pessoas evitam os fins. Os sentimentos são permanentes demais. Fins e a finitude assustam as pessoas. Há, ao contrário, esquiva, retraimento e racionalização. Mantenha intacto o quarto do morto. Aja como se nada houvesse mudado. Todas as roupas, todas as fotos, todos os objetos pessoais permanecem no seu lugar, como que prontos para serem usados. Mantenha seus sentimentos no mesmo nível invariável. Fuja da solidão. Este é um não-fim. Torne-se estóico, realista. Ou, então, trate o morto como se ele nunca tivesse existido e negue qualquer espaço que ele tenha ocupado. Uma finitude abrupta. A primeira situação estende o passado para sempre; a segunda corta a conexão para sempre. Em um ou outro caso, nada de inesperado acontece. Isto inclui todas aquelas coisas com relação às quais nos sentimos culpados, que desejamos poder mudar, que desejamos nunca tivessem acontecido, que nos fazem sentir desconforto, vergonha, ressentimento, medo, tristeza — todas as decepções que representam todas as potencialidades não realizadas de um contato melhor ou de uma plenitude emocional.

Situações em aberto devem ser finalizadas antes que possamos deixar a pessoa morta ou o *self* morto morrer. Isto é verdade mesmo quando se trata de uma pessoa fisicamente morta há muitos anos. Levamos esta pessoa dentro de nós, incapazes de romper com ela, não dispostos a aceitar o espaço vazio, não desejando completar o ciclo. É como se pudéssemos prolongar nossa própria vida, ou a vida da outra pessoa, recusando-nos a mudar a relação emocional.

A finalização é uma parte importante do processo de luto. Elaborar nossos fins permite-nos redefinir nossas relações, nos render ao que está morto, aceitar o que está vivo e estar no mundo mais plenamente para encarar a nova situação. Assim como o luto é um período de liberdade emocional, os fins apresentam as possibilidades de expressão para esta liberdade.

A incapacidade de fim surge quando falamos de nossas relações com familiares ou amigos de quem estamos separados pela distância da morte e de todas as coisas que queríamos dizer ou fazer, ou não quisemos dizer ou fazer. Por exemplo: "Não posso dizer adeus ao meu pai. Eu sempre quis lhe dizer o quanto o deteto", ou "Eu sempre quis que ele soubesse que eu compreendia o seu dilema". A não-finalização inclui também expressões abortadas, nas quais não há seguimento das conseqüências da expressão — como o "Eu te odeio", que se deixa pendurado porque a conexão se quebrou.

Resistimos à despedida porque ela se parece demais com ser abandonado. A intimidade tem uma prioridade tão baixa para nós que, no final da vida, fomos íntimos de apenas umas poucas pessoas. Todo mundo pratica um pacto mútuo não-verbal de manter uma certa distância. Quando se atravessa esta linha, os sentimentos de ansiedade vêm à tona. Sentimos que estamos a um triz de perder o controle ou o poder.

Separar-se, finalizar, se parece com uma perda similar de orientação ou controle. Vemo-nos como um pontinho num universo ilimitado. A intimidade pode ser usada como um porto seguro. Dizer adeus — perder uma intimidade — evoca a mesma resposta de desorientação, como uma invasão da intimidade vinda de fora. Temos medo de nos soltar, de nos deixar levar pelo espaço infinito, de nos deixar levar pela sociedade, de perder a conexão, de flutuar pelo cosmos social. O medo é uma perda de contato. Tememos não ser capazes de sermos íntimos numa nova situação.

O fim reforça a imagem de que a vida é uma conexão finita, linear, e quebrar a conexão, perder o contato, é perder a vida. Com a partida, tememos chegar ao fim da nossa existência finita — há a perda de nós mesmos nesta vida, e é isso mesmo.

Mas, na verdade, os fins estabelecem novas relações. As pessoas temem os fins porque devem abdicar de seu poder no mundo. Mas o outro lado dos fins é um portal de novo poder e novas relações, de uma nova maneira de estar no mundo. Morrer é uma nova maneira de estar no mundo. Um fim estabelece uma relação entre nós mesmos e o desconhecido.

Tive um cliente nascido na Alemanha que cresceu na Europa. Depois da Segunda Guerra Mundial, ele procurou C. G. Jung para se tratar. Mas Jung lhe disse: "Não posso atendê-lo, não estou mais atendendo pacientes novos, estou me preparando para morrer". Isto aconteceu cerca de um ano antes da morte de Jung. A partir desta história, reconheci que Jung conhecia bem sua vida. Ele precisava de tempo para deixar que seu processo chegasse ao seu final. Ele sabia como estar com sua vida. Ele sabia como fazer o seu fim e viveu este fim completamente.

MORRENDO COM ED

Lembro de um amigo morrendo quando tínhamos, os dois, dezessete anos. Ele morreu de câncer. Recordo de como a turma toda se reunia e marchava em bloco na ala do hospital, como se nossa enorme energia e determinação pudessem afetar a sua cura. Lembro-me das horas restritas de visita e da estúpida camisa-de-força comportamental em que colocaram meu amigo e na qual nos colocamos. Todo mundo sabia que ele estava morrendo. Mas eles o forçaram a comer comida de hospital, quando tudo o que ele queria era um sanduíche quente de pastrami, que passávamos escondido. Lembro-me dele fumando escondido também, porque não era permitido. Morrer, para ele, era a mesma rebelião contra a prisão do desamparo que o cercara desde a sua infância.

Só foi depois de atender uma paciente que tinha câncer, muitos anos depois, que compreendi realmente a morte de Ed e a minha relação com ela. Quando trabalhei com essa mulher, ela me falou dos sentimentos e pensamentos, dos ressentimentos e ódios que sentia e tinha sentido a vida toda. O ressentimento por ter sido trapaceada pela vida, tendo tido muitas mães, sendo despachada de uma família para outra. As experiências de que me falava eram como um punhado de vermes escuros no seu peito. Quando olhei para o seu peito, vi esvaziamento e derrota. Lentamente, à medida que ela respirava com mais facilidade, contou-me que se sentia derrotada porque nunca havia conseguido o que queria. Uma ânsia profunda que me assustou surgiu nos seus olhos, e ela me disse: "Eu quero o que é seu". Ela me apertou contra o seu peito, me apertou forte, com medo. Disse-me que nunca tinha sido cuidada, que nunca conseguia obter esse tipo de calor pelo qual implorava. Compreendi seu estilo de morrer, que era minguar na derrota e na desesperança. Sua morte era um protesto pela falta de amor por ela no mundo. Compreendi que cada um de seus três casamentos, todos terminados em fracasso, haviam sido momentos decisivos. Agora ela literalmente desejava não viver mais.

Lembrei-me então que Ed havia perdido seu pai dois anos antes de sua própria morte — um homem a quem ele estava profundamente ligado. Nunca mergulhara no luto por seu pai. Simplesmente tornou-se delinqüente, foi expulso da escola e rondou pelos salões de sinuca. Ninguém fez a conexão. A maneira de morrer de Ed, congelando e minguando, com seus ressentimentos calados por se sentir sem pai, manifestou-se como um estoicismo corajoso. E ele morreu.

Lembro-me de todos nós — seus amigos, seu irmão, sua mãe — vivendo corajosamente a crença na sua cura. Lembro-me das piadas que fazíamos para animá-lo. Aquela coisa corajosa, sorridente. Depois agonizávamos todos fora do seu quarto. Partilhávamos do terror de seu destino, mas não podíamos expressar nossos medos.

Muitas vezes me perguntei se meu amigo não morreu pensando que realmente não nos importávamos ou não podíamos sentir. Mesmo quando conto esta história, começo a me sentir triste por não ter partilhado o seu e o meu medo com ele. Talvez eu agora finalmente esteja fazendo um fim de algo que ficou em aberto por vinte e cinco anos. Nós nos preocupávamos com Ed. Mas estávamos amedrontados. Sentimos sua falta. Estávamos assustados e com raiva. Para mim, ainda há um espaço vazio.

Recentemente, li nos jornais acerca de uma jovem extraordinária poetisa que morreu de câncer. É interessante, pois relatou-se que sua morte ocorreu "entre uma e duas horas". Ninguém foi exato a esse respeito. Seu marido sentou-se ao seu lado, cantando e lendo seus poemas favoritos. Seus filhos foram à escola naquele dia. A família encarou a chegada de sua morte iminente há várias semanas. A mulher morreu em casa, sossegadamente, sem medidas heróicas.

Como gostaria que tivéssemos cantado com Ed. Como gostaria que pudéssemos partilhar com Ed do seu morrer, em vez de nos apoiar em ilusões. Não sei com o que você se parecia quando morreu,

Ed, nem o que tinha para dizer. Nenhum de nós soube. Estávamos todos distanciados de você pelos procedimentos estabelecidos. Estávamos desamparados no nosso medo. Você tinha dor física; nós tínhamos dor emocional. Você se sentia trapaceado por perder sua jovem vida; nós nos sentíamos trapaceados por perder você e porque algo dentro de nós estava morrendo. Mas nada disso foi expresso, nem uma só palavra. Estávamos aterrorizados demais. Vimos sua morte e ali conhecemos nosso destino. Agimos na superfície da vida; nunca partilhamos nossos espaços emocionais. Mascaramos nossa raiva, nosso desamparo, nosso medo, nossa dor.

A maioria ficou aliviada quando Ed finalmente morreu. O fardo do seu sofrimento tinha-se ido, juntamente com o fardo do nosso sofrimento. Havia sentimentos calados de excitação dentro da turma. Podíamos nos ligar à vida novamente. Durante o processo de morte de Ed, sentimos a nós mesmos mais intensamente do que jamais havíamos sentido. Sentimos principalmente nossos corpos e nossa fragilidade.

Que virada foi para mim. O que eu era solicitado a sacrificar era a minha inocência e a minha ignorância. Eu estava chocado porque os jovens morriam, porque a morte estava tão perto de mim. Os papéis que desempenhávamos estavam a nu — os meus, os de Ed e da família. E como todos nós os desempenhamos até o amargo fim. Isto não ocorreu no caso da poetisa, cujo marido leu e cantou para ela e cuja família participou de seu morrer. Na Europa medieval, o morrer acontecia muitas vezes em público. Os amigos e transeuntes amontoavam-se no quarto da pessoa que estava morrendo.

Mas quando chegou a hora do funeral de Ed, eles pediram a todos os seus amigos que carregassem o caixão até o carro fúnebre. Estávamos todos sentados na primeira fila. Eu não consegui levantar e fazer isto, embora outros amigos o tenham feito. Não fui ao cemitério. Um amigo e eu fomos embora para casa, andando, formando nossas imagens da morte e do morrer. Falamos sobre o quão horripilante era estar perto do morto, sobre não haver nada depois da morte, sobre como a morte era um inimigo que atacava e como era preciso estar sempre alerta. A maioria das mortes era como uma execução; as pessoas estavam apenas esperando. Esses pensamentos nos mobilizavam contra o processo de envelhecimento. Naquele momento, amaldiçoamos morrer entre estranhos e desejamos que as nossas mortes viessem rapidamente e sem o nosso conhecimento. Começamos a relegar Ed ao esquecimento. Esqueci de dizer adeus, Ed.

A grande morte evoca a pequena morte. A morte de Ed dissolveu a turma, forçou cada um de nós a entrar dentro de si enquanto durou. A morte de Ed foi um alívio, um alívio da intensidade dos nossos espaços emocionais, mas não um alívio da infinitude, que continuou para mim até hoje. Ed era uma conexão quebrada na minha vida até escrever isto.

Ed sentia uma dor física e a dor da perda de sua vida. Podíamos vê-lo no seu rosto e isto nos aterrorizava. Tínhamos uma dor emocional e o medo secreto de sofrer como Ed havia sofrido. O processo de morte de Ed evocou em mim meu horror da dor e eu respondi a ela a partir desse horror. Tudo isto fazia parte da conversação silenciosa no seu quarto de hospital. Uma vez, Ed nos passou a intensidade de sua dor física. Depois disso, evitamos deixá-lo fazer isto. Havia coisas que eu tinha de descobrir sobre a dor e sobre a sua conexão com o desamparo. Penso que o medo da dor é basicamente o medo de ser submergido por ela, de ficar desamparado. Do desamparo sem humanidade.

A mãe de Ed costumava se lamentar o tempo todo fora do quarto do hospital, por ter de abrir mão de uma relação na sua vida que já não existia mais. Ela ainda não podia conceber sua relação com a vida sem Ed. Ed estava despreparado para encarar a perda de si mesmo — sua longa permanência no hospital, na cama, não ajudavam. Uma vez diagnosticado e posto naquele quarto de hospital, Ed tornou-se, para a instituição, somente mais um morrendo. Ele tinha de encarar o que toda pessoa morrendo enfrenta — uma situação em que sua atividade diária normal é interrompida e transformada em sua atividade de morrer, que é a sua vida nesse momento. Ed nunca foi capaz de entrar num acordo com a perda de sua vida. Ninguém fala sobre isso, mas as pessoas que estão morrendo acabam sendo mortas antes de morrer. São alienadas, cindidas da realidade social. São nossos mortos vivos.

Desde a morte de Ed e de outras pessoas que testemunhei e partilhei, permiti gradualmente que o não-expresso emergisse de dentro de mim. Experiencio cada vez mais a mim mesmo — o meu terror, meu sentido de perda, minha excitação e curiosidade, meu desamparo, minha raiva, minha dor e a intensidade do meu contato. Permiti a mim mesmo aprender a partir dessas experiências. O morrer de cada um é um modelo para o nosso morrer. O morrer de cada um é aprendizagem emocional. A natureza nos ensina sobre o nosso morrer pela empatia e pelo exemplo. "Todos nós nascemos morrendo." Antigamente, morrer era mais um evento familiar e tribal do que é agora, um evento no qual os mistérios desta experiência primordial enriqueciam as vidas das pessoas.

A maioria de nós morre uma morte domesticada, sem deixar traços de sua concepção de vida e de morte. Mas tenho um amigo que morreu de leucemia. Ele não conseguia fazer as pazes com o seu morrer. Ele 'quebrou o quarto do hospital umas duas vezes. Nem mesmo uma viagem de ácido (LSD) ajudou. Todo mundo disse que ele era infantil, mas foi somente dessa maneira que ele conseguiu pacificar-se um pouco. Ele viu que não tinha de morrer silenciosamente, então morreu protestando. Ele chocou aquele hospital da cidade de Salt Lake porque não se "comportava". Não se resignava. Como escreveu Dylan Thomas: *"Do not go gentle into that good night, / Rage, rage against the dying of the light"*.[6]

Pois a queixa, o grito e a raiva de algumas pessoas fazem parte do viver sua morte. Para outras, pode ser apenas falar abertamente sobre seus medos, suas idéias, percepções, e permanecer como parte da estrutura da família. Conheci um homem que me procurou muito perturbado pela morte de sua mulher. Ele havia tentado manter o contato com ela até o último minuto mas sentiu que ela escorregava, até que sua fala tornou-se completamente louca. Pouco antes de morrer, ela começou a pedir um dinheiro trocado para tomar o ônibus. Insistia em pedir um trocado ao marido. Ele estava estarrecido e não sabia o que fazer.

As pessoas chamam a isso delírio ou efeito das drogas, mas eu entendo que o corpo, nessa situação de proximidade com a morte, está continuando a viver o seu processo e não está particularmente ameaçado, embora os médicos e os amigos estejam.

Talvez a solicitação da mulher fosse simbólica. Talvez o trocado para pegar o ônibus fosse o seu pedido para fazer um fim, o seu pedido de permissão para morrer. O que teria acontecido se o marido

---

6. "Não entre docilmente naquela boa noite, /Revolte-se, revolte-se contra a morte da luz." (N. do T.)

tivesse tentado entrar no mundo de sua mulher dando-lhe o trocado, verbalmente, através de gestos ou o que fosse?

Eu estava trabalhando com um amigo, certa vez, num *workshop*. Ele olhou diretamente para mim e disse que se sentia como se fosse desmaiar. Ele simplesmente disse: "Acho que vou desmaiar". Eu respondi: "Vá em frente". E ele foi. Ele simplesmente desmaiou ali mesmo. Não havia sinais prévios de palidez ou de que estivesse em vias de desmaiar. Ele disse que se sentia como se fosse desmaiar, então dei-lhe a permissão.

Um amigo meu que faz pesquisas com pacientes em coma num hospital da Administração dos Veteranos de Guerra, contou que se costumava tratar os pacientes em coma como se estivessem mortos. Tudo ao redor deles era calmo e estéril. Esta crença, de que os pacientes em coma estão mortos, não é mais considerada verdadeira. A terapia agora é colocar essas pessoas em corredores, onde outras são encorajadas a tocá-las e ligar o rádio para elas. Esta mudança na atitude é um reconhecimento de que uma pessoa em coma está viva e sensível aos outros e ao seu ambiente.

É comum pensar que o nosso corpo é algum tipo de animal ignorante ou rude, do qual a "pessoa" mítica deve ser protegida. Como se o corpo não pudesse responder. Como se a inteligência, a consciência e a compreensão não fossem também de sua propriedade. Como se o corpo fosse um pedaço de carne. O corpo tem o direito de finalizar a si mesmo com a sua própria inteligência. Nada menos.

Privamos a nós mesmos, a nossa cultura e o morrer de experiências que podem nos dizer muito sobre como a vida termina, sobre a natureza da experiência humana nesta parte do processo de vida, sobre os papéis sociais possíveis, sobre visões e conflitos internos, sobre autoformatividade, sobre como a auto-afirmação diminui ou continua no morrer, e sobre a natureza do nosso universo do ponto de vista deste estágio do nosso processo. Na verdade, nós nos des-conectamos do morrer e nos assustamos até que ficamos sem a esperança de um mito e sem o verdadeiro conhecimento.

Quando lhe perguntaram o que queria no último dia de sua vida, Sócrates respondeu: "Já que negligenciei o artista dentro de mim, desejo viver este último dia como um artista".

Um interno negro do hospital municipal estava olhando agora para Mary Young, que morria de pneumonia.

O interno não a conhecia. Ele tinha chegado à cidade de Midland há apenas uma semana. Ele sequer era americano, embora tivesse se graduado em medicina em Harvard. Era um indaro, um nigeriano. Seu nome era Cyprian Ukwende. Ele não sentia nenhuma afinidade com Mary ou com qualquer negro americano. Sentia afinidade somente com os indaros. À medida que morria, Mary estava tão só no planeta como estavam Dwayne Hoover e Kilgore Trout. Ela não tivera filhos. Não havia amigos ou familiares para observar sua morte. Então ela disse suas últimas palavras no planeta a Cyprian Ukwende. Ela não tinha fôlego suficiente para fazer soar suas cordas vocais. Conseguiu apenas mover seus lábios sem fazer ruído.

E tudo o que tinha a dizer sobre a morte era: "Que coisa, que coisa!".[7]

---

7. Vonnegut, Kurt. *Breakfast of Champions*. Dial Press/Seymour Lawrence, 1973. p.64.

MITOLOGIZANDO

A mitologia é a conceituação que o homem faz do mar não mapeado da experiência humana. Mitologizar é fazer uma história, para dela derivar significado das nossas experiências. É contar histórias. Nossos mitos são as histórias privadas que contamos a nós mesmos sobre o que aconteceu conosco. Nesta parte, exploro como mitologizamos nossas pequenas mortes. Exploro o processo do como desorganizamos a nós mesmos, como quebramos nossos limites e como nossas pequenas mortes permitem a emergência do desconhecido.

UMA BASE PARA O MITO

A experiência está conectada ao mito. Estar imerso na auto-experiência é viver o próprio mito, a própria história de vida. Cada vez que refletimos sobre o que experienciamos, estamos criando uma história para explicar essa experiência ou estamos aceitando a explicação de outro: a de nossos pais, a de nosso professor, a do patrão, a do cônjuge, a da cultura. Esta história ou explicação criada influencia como reagiremos em situações similares no futuro, como vivemos nossas vidas, e como outras pessoas aprendem de nós. A construção da história ou da explicação é como transferimos novas experiências a nós mesmos e aos outros membros da tribo. Neste livro, falo sobre como fazer uma nova história ou mito sobre o morrer, como se tornar imerso na experiência, de modo a que cada um possa criar sua própria história sobre o morrer. A cada momento decisivo, temos uma oportunidade quer de fazer um novo mito para nós mesmos, quer de seguir um mito antigo. Estar imerso na experiência de si mesmo permite a alternativa do novo.

Quando estamos de luto, quando sonhamos, quando pintamos um quadro ou compomos um poema, estamos participando de um diálogo interno, de um processo no qual a percepção social habitual foi limitada ou se rendeu a favor de outra percepção. Podemos decidir nos dedicar ao morrer, ao sono, à pintura ou à escrita, mas a expressão do luto, do sonho ou da produção artística não é controlada pela percepção comum, nem dela deriva. Ela flui de outros aspectos do *self.* A decisão de sonhar, por exemplo, não é fruto da percepção comum; a decisão de dormir é. Dormir é uma maneira de estabelecer condições ou limites em que o diálogo consigo mesmo chamado sonho pode acontecer. O sono pode tornar o sonho possível como evento corporal, mas não determina exatamente quando ou o que se sonha.

Processo é o ir adiante contínuo de nossas vidas, que se manifesta como movimento, experiência, conhecimento. Podemos identificar um processo a caminho por meio dessas atividades rítmicas, como inspirar e expirar, adormecer e acordar, ficar com fome e se sentir saciado, cansar-se e se sentir descansado, aumentando o desejo sexual que conduz ao orgasmo.

Visto como processo, morrer é uma continuação de viver. Pode-se dizer que é tão certo que temos um plano ou um programa para morrer quanto temos um programa para nascer. Morrer é a precondição para que o nascimento nos seja possível. O nascimento é uma afirmação sobre o morrer da vida uterina. Todos os estágios de crescimento, todos os momentos decisivos, são um morrer.

No entanto, o programa para morrer, como os programas de luto, sonho, esgotamento, expressão artística, respiração, sono, fome, sexualidade e tantos outros, não podem ser acionados rapidamente pela percepção comum. Esses programas, esses roteiros, não estão sujeitos ao controle social, mas ocupam um lugar equivalente a ele e influenciam o seu funcionamento. Eles não podem ser produzidos ou suscitados por requerimento. Embora possam ser acionados por todos, devem ser abordados em seu próprio idioma, pela descoberta de sua expressão como uma linguagem não-verbal, na vida diária.

Em outras palavras, não podemos praticar o morrer fazendo exercícios. Exercícios mentais ou físicos são constructos deliberados, projetados para atingir um objetivo ou resolver um problema. Eles impõem suas próprias exigências ao processo corporal. As técnicas da Gestalt, do psicodrama e da bioenergética, por exemplo, podem ser muito úteis para resolver conflitos quanto a papéis sociais ou definições pessoais do *self.* Mas problema é realmente mais do que resolução de conflitos. É tornar nossos processos mais disponíveis na nossa experienciação diária.

O ato de viver oferece uma ampla oportunidade para nos familiarizarmos com as maneiras como estamos morrendo. O significado do nosso morrer está relacionado ao desenrolar da vida que criamos. À medida que se aprofunda a nossa capacidade de nos conectarmos à vida, aprendemos que a experiência é o mestre. E a experiência não pode ser programada. Somos nossos próprios fazedores de mito, deliberadamente ou não.

IMAGENS SOCIAIS E AUTO-IMAGENS

Nossas visualizações — as imagens que vemos com o "olho" de nossa mente — podem ser divididas em imagens exteriores, que têm sua base na mitologia social, e imagens pessoais, autogeradas, que são expressões da nossa vida somática. Uma vez que a respiração está intimamente associada com a atividade do *self*, uso-a para suscitar imagens e sentimentos. Portanto, concebi a idéia de respirar por metades. Quando realizo esse experimento, faço uma série de cinco inspirações consecutivas e, cada vez que inspiro, reduzo a quantidade de ar para a metade da inspiração anterior. Faço uma breve pausa no final de cada expiração e inibo o impulso de inspirar.

Depois da quinta respiração, bocejo e permito que minha respiração volte ao normal, tentando experienciar as sensações que percebo. Descubro que há vários níveis nessa experiência. Uma parte de mim diz: "Respire! Respire! Respire! Se continuar com isto você vai morrer!". Mas há, também, um tipo de escuridão excitada, localizada no meu tronco, um tipo completamente diverso de percepção. É bastante diferente da minha mensagem de ansiedade. Uma parte de mim está com medo de morrer, enquanto a outra está excitada. À medida que prolongo um pouco mais esta experiência, começo a sentir uma onda de sensações, que traz lembranças e visões.

Reconheço que a mensagem de ansiedade é o meu mecanismo de sobrevivência: "Respire! Respire! Inspire mais ar!". Mas o sentimento da escuridão excitada traz uma mensagem: "Não pare!".

Entendo que esta aparente contradição quer dizer que nem tudo em mim tem medo de morrer. Parte de mim está ansiosa, mas parte está excitada.

Transcender à percepção racional é como morrer, é aproximar-se de outro nível de experiência. Há uma parte de mim que diz que estou com medo de morrer, mas que parte é essa? Uma parte de mim está excitada e sente prazer se eu desencadear a ameaça de morrer.

Imagens podem ser visuais ou conceituais e se designam a transmitir padrões de sentimentos e sensações. Os conceitos da cultura podem nos habitar, dizendo-nos quem somos. Eles parecem então brotar de dentro de nós como se fossem nossos. Além disso, através da exposição à mídia e por ouvir dizer, recebemos muitas imagens mórbidas ou horríveis do morrer, e essas são sempre as primeiras que surgem quando nos deparamos com sentimentos de ansiedade ou medo.

Por outro lado, sentimentos e emoções podem ser descritos como imagens espontâneas do *self*, bastante diferentes das imagens sociais. As imagens genuínas do *self* são expressões biológicas e podem não ser orientadas visualmente — como sentimentos de beleza, graça, acanhamento, constrangimento.

Com base nas suas imagens, as pessoas dizem: "É penoso morrer" e "A morte é ruim, deve ser evitada a todo custo". Mas meu experimento de respiração me convence de que posso ter algumas experiências ao iniciar o meu programa de morrer que não são negativas.

Mudanças na química do corpo podem alterar as imagens. No meu experimento de respiração, aumentei a quantidade de dióxido de carbono na minha corrente sangüínea e disparei imediatamente a ansiedade e imagens do morrer. Todos os ambientes emocionais e bioquímicos têm suas imagens e sentimentos concomitantes. Por exemplo, um sentimento de tristeza pode disparar a sensação de fechar a garganta e a imagem de estar sendo asfixiado; a raiva pode disparar sensações e imagens de aniquilação.

Morrer coloca o perigo da perda da minha vida como vim a conhecê-la. Mas aprendi a perguntar: Que parte de mim está sentindo a perda? É o *self* orgânico? É meu ego, meu *self* consciente? Será o social que está com medo, que diz: "Não estarei mais aqui"? Que parte de mim se sente ameaçada por minhas imagens do morrer?

Depois de ouvir muitas pessoas relatarem suas imagens do morrer, comecei a ver que os medos sempre caíam em uma ou outra categoria: a social ou a pessoal. A morte que você morre é a vida que você vive. Quanto mais você escolher viver sua vida fora das imagens da cultura, mais morrerá fora dessas imagens também. Quando perguntei a mim mesmo "Como estou com medo de morrer?", tive imagens do morrer que eram da categoria social — derivadas dos programas culturais —, e eram imagens violentas. "Não quero ser atropelado por um caminhão." "Não quero levar um tiro." "Não quero morrer durante uma cirurgia." E assim por diante.

As imagens de morrer tendem a ser confundidas com os sentimentos do morrer. Ao olhar para as maneiras de morrer de que temos medo, podem surgir imagens que causam uma intensa ansiedade. A mensagem da ansiedade é que algo é perigoso, pode-se morrer. Nesse momento, a ameaça e o sentimento do morrer se entrelaçam, são os mesmos. No entanto, o sentimento de morrer, em si, não causou ansiedade; foi a imagem de morrer que a causou.

Se você tem medo de ficar sufocado, pode produzir uma imagem de afogamento ou aprisionamento. Qualquer evento que dispare suas imagens de morrer disparará automaticamente a ansiedade de morrer. Naquele momento, você sente que pode morrer. Fica ansioso, entra em pânico, acha que pode morrer. Então passa a associar a ansiedade que sente com o que pode ser morrer. Você diz a si mesmo que morrer será assim. "Estou muito ansioso e assustado. Morrer me deixa ansioso e com medo. Morrer deve ser assim, como aquilo que estou sentindo agora." Mas pode muito bem não ser assim.

Descobri, no experimento da respiração, que eu podia experienciar tanto a ansiedade quanto a excitação a respeito de um evento, porque diferentes níveis em mim respondiam simultaneamente de diferentes modos. Também é verdade que os nossos pensamentos sobre morrer podem ser diferentes dos nossos sentimentos sobre a morte. Os sentimentos podem ser sensuais, e os pensamentos, muito assustadores. Não quero simplificar excessivamente os pensamentos e os sentimentos sobre a morte, porque há muitas outras coisas que se devem considerar, mas quero insistir no ponto de que é bastante comum experienciar uma contradição entre pensamentos e sentimentos sobre o morrer.

Quando pergunto a mim mesmo: "Como estou com medo de

morrer?", tento suscitar minhas imagens do morrer e da morte, quer por meio do experimento da respiração, quer por minha imaginação. Então separo os sentimentos dessas imagens das imagens em si. Posso guardá-las na minha consciência, recordá-las ou desenhá-las, anotá-las, olhar para elas sem tanto pânico ou reações estereotipadas. Contemplo minhas reações, minhas respostas. A maioria dessas imagens é de morte violenta, do tipo apresentado nos jornais e na televisão todos os dias. Olho para elas e digo a mim mesmo: "Morrer pode *não* ser assim", porque sei que estou apresentando a mim mesmo as imagens culturais da morte. Afinal de contas, a violência é quase tudo que vemos da morte. Passo pelo mesmo processo com os meus sonhos.

A cultura favorece, em geral, o morrer irruptivo. Mas, em lugar disso, é possível morrer de modo congelado. Como Harry Truman. Todas as sociedades controlam os estilos de morrer atribuindo valores positivos a certos programas, inclusive valorizando muitos deles capazes de ser pessoalmente negativos. Por exemplo, nossa sociedade não desvaloriza morrer por assassinato. Ela não vem a público dizer isso, mas, no íntimo, valoriza altamente muitas formas da morte violenta. A sociedade está programando seus membros para morrer rapidamente subitamente, por outras mãos. É vantajoso porque é muito rápido. Orgástico, explosivo, *bang,* sem o desamparo prolongado, sem problemas para cuidar de você, sem custos, sem dependência, sem remorsos, nada. A vida é simplesmente interrompida, *bang!* Uma morte rápida descarta a necessidade um programa geriátrico ou de previdência social e elimina os muitos problemas onerosos das convalescêncas prolongadas. Os indivíduos apóiam programas rápidos de morrer porque acabam com os problemas pessoais do remorso e minimizam o processo do luto.

Todos vivemos na mente da cultura, e não quero dizer isto depreciativamente. Não nos damos conta de que estamos realizando os programas de morte alheias. Não nos apercebemos de que podemos também estar vivendo seus programas de vida. Pensamos que estamos exercitando a livre escolha, mas escolhemos, infalivelmente, os programas da cultura. Pensamos que é só isso que existe para escolhermos. Então acabamos não vivendo nossa própria vida e, depois, acabamos morrendo uma morte que não é a nossa.

O que é morrer naturalmente para as pessoas? Ninguém sabe,

mas todos têm imagens a respeito e todos têm medo, em parte, de morrer de um modo não natural. No contexto em que falo, o morrer natural é o que pode ser vivido como uma continuação do estilo de vida da pessoa, um morrer que não é uma interrupção, mas, antes, uma extensão de sua vida.

As pessoas que investiram sua energia comendo bem, exercitando a mente e o corpo com ioga, terapias corporais, práticas espirituais e relacionamentos variados escolheram uma outra maneira de viver e uma outra maneira de morrer. Elas parecem desejar evitar as mortes culturais comuns — o câncer ou as doenças do coração. As pessoas que se encontram fora da cultura por causa de sua idade também têm a oportunidade de criar um novo estilo de viver e um novo estilo de morrer.

As famílias que mantêm seus laços emocionais tomaram a decisão de não morrer sozinhas. As famílias que se separam facilmente ou que não têm laços emocionais instituem, entre seus membros, uma ansiedade do morrer solitário. Morrer é um processo pessoal, mas também familiar e tribal.

FAZENDO SUA EXPERIÊNCIA CONTAR — TORNAR-SE ALGUÉM

As pessoas não se lembram de ter nascido. Elas só sabem que estão vivas, e parece que sempre estiveram. O mundo nunca foi diferente do que é agora.

O que você imagina que é a morte? Como você enfrenta o fato de morrer? Você o evita, o aceita? Conectar-se com os sentimentos sobre o morrer é um passo para superar as imagens culturais e construir uma nova mitologia para si mesmo.

Pergunto a mim mesmo: Eu partilho do meu morrer com outras pessoas? Converso a respeito ou silencio? Sou relutante, precavido, sinto-me envergonhado? Que tipo de conversa sobre morrer tenho comigo mesmo? Escrevo cartas a mim mesmo? Passo bilhetes por baixo da mesa? Envio a mim mesmo mensagens que não posso decifrar, bilhetes escritos com tinta invisível? Experiencio esses pensamentos e sentimentos ou os inibo, postergo, distorço, rejeito? Meus pensamentos, sentimentos, imagens, lembranças encadeiam-se, criando um eu interconectado?

Um homem que era corretor imobiliário disse-me certa vez que, há vários anos tivera uma hemorragia e fora levado a um hospital, onde lhe disseram: "Amigo, você tem uma chance muito grande de morrer". Quando esta percepção ficou clara para ele, sua ambigüidade diminuiu. Meu amigo disse que, de repente, se sentiu – uau! — se sentiu livre. Disse que seu corpo ficou inundado de excitação e que ele se sentiu energizado de ponta a ponta. Era totalmente louco, paradoxal. Ele disse que, pela primeira vez na sua vida, sentia-se livre para se sentir perdido, sem regras. E esperou pelo desfecho com excitação. Disse que, pela primeira vez, conseguiu aproveitar a vida de verdade, sem responsabilidades. Sugeri que devia ter sido por causa disso que ele ficou bom. Pela primeira vez ele pôde se comprometer com aquilo que queria, em vez de com as farsas sociais.

Certa vez, eu estava num avião a propulsão quando os quatro motores falharam. Antes de aterrissar, tive tempo suficiente para me preparar para morrer. Não durou muito tempo, mas foi o suficiente. E algumas coisas incríveis aconteceram comigo. A primeira foi que me tornei transparente para mim mesmo, por estar sendo inundado de excitação. Esta me ampliou, me aprofundou, *bang*, um espaço se abriu. Senti que minha cabeça estava cheia de pânico. Eu sentia pânico no cérebro, nos olhos e no rosto. Mas, do pescoço para baixo, não havia pânico. Eu estava supercarregado — havia adrenalina — mas estava calmo como um vaso de flores.

Não me lembro da seqüência, embora a tenha repassado uma centena de vezes, mas eu estava inundado pela sensação de quem eu era. Não posso explicar isso a você, só dizer que eu estava preenchido por uma espécie de "saber-se" — eu estava preenchido de dentro para fora por uma doçura e uma luz transbordantes, mas não era como uma luz visível. Eu estava preenchido de aceitação e amor por mim mesmo. Experimentava o sabor de estar repleto de mim, de me haver preenchido com a minha excitação. Estava plenamente imerso em mim mesmo e eu estava abundante, tudo estava bem. Dali por diante, toda a minha vida se re-orientou. Na época, eu tinha trinta e um anos, e estou me lembrando aqui dessa experiência como um outro exemplo das contradições que podem existir quando fazemos a conexão com o morrer.

Vivemos uma época em que todos querem cada vez mais responsabilidades por tudo na sua vida. Por que não levar consigo esta responsabilidade até o morrer? Você não morrerá até que tudo em você assim o decida. Você está intimamente envolvido com o processo de decidir a sua própria vida e, portanto, a sua própria morte. Essa responsabilidade não se manifesta somente no nível cognitivo, nem mesmo primariamente.

Quando tentamos controlar a vida e o morrer a partir do nível cognitivo, acabamos negando os dois, a vida e a morte, vivendo à margem da vida, não dentro dela. Ninguém diz isso, mas a maioria das pessoas não está imersa na vida, e sabe disto. Elas se contraem, aceitam papéis sociais como se fosse a realidade e tentam viver de modo bem-sucedido dentro dessa limitação.

O estilo da nossa vida é o estilo da nossa morte; os dois são parte de um só processo. Muitas pessoas esquivam-se da vida, mas mesmo assim não querem morrer. Elas não querem participar do processo de morrer, não mais do que querem participar do processo de viver.

Na nossa cultura, viver é algo distorcido. O cérebro é mantido vivo, e o corpo, ignorado. A vida da mente é valorizada, a do corpo, denegrida. Vivemos somente uma parte do nosso *self,* uma parte do nosso corpo, uma parte dos nossos sentimentos, uma parte da nossa existência. Precisamos nos levar a sério, fazendo de nossa vida o ponto de partida, fazendo a nossa experiência contar. Ao fazer isto, tornamo-nos alguém.

No processo de tornar-se alguém, a base do mistério da existência se revela — a experiência que ninguém pode nos relatar. Cada pessoa descobre os termos do seu próprio viver e de sua própria mortalidade. Muitos aceitam morrer quando percebem que há uma grande diferença entre suas imagens ou pensamentos sobre morrer e seus sentimentos a respeito. O apego às nossas imagens pode perpetuar o medo. O apego aos nossos pensamentos pode torná-los mórbidos, frustrantes ou desagradáveis. Quando nos levamos a sério, somos diretamente arremessados para a vida e para uma nova realidade do nosso próprio morrer.

Vivemos de dois modos diferentes — uma vida social e uma pessoal, uma vida pública e outra privada. A vida social abrange as impressões e imagens dos padrões sociais programados. Oferece aceitação e papéis. O *self* pessoal emerge dos processos e impressões corporais. Na maioria de nós, um ou outro domina. Geralmente, a identidade pessoal e o sentido da auto-realização contínua formam-se publicamente. É difícil para a maioria das pessoas amadurecer na nossa sociedade com uma visão autogerada bem formada.

Vim a compreender lentamente que a maioria das pessoas não tem medo de morrer, mas tem medo de estar morta. A pergunta mais séria e não respondida para as pessoas a respeito de morrer é como se sentem quanto a serem mortas, quanto à sua impotência. Vejo que, em última instância, todo medo de ser punido, de ser banido, de ser marginalizado ou não obter aprovação sempre se reduz ao medo de ser morto. "O que quer dizer, se sua mãe não gostar de você, o que vai acontecer?" "Vou ficar sozinho, ninguém vai tomar conta de mim." "Bem, então o que vai acontecer?" "Ficarei com fome, sem nada para comer." "E daí? O que vai acontecer depois?" "Daí, então ficarei desamparado. E abandonado à morte." Todas as disciplinas não são basicamente uma ameaça ao viver? E o que é a ansiedade, senão o terror de que algo aconteça, seja feito a nós e sejamos mortos? É este papel de vítima que aterroriza.

Pense novamente na época da sua infância, quando você era pequeno. Bem no começo da memória. Não era este desamparo que provocava sentimentos de terror?

Decidir conectar-se com o sentimento de morrer é comprometer-se com o desconhecido. A coragem de que se precisa pode ser simplesmente a coragem de olhar para suas suposições sobre o morrer. Ou criar o seu próprio mito. Isto poderia resultar em experiências de que ninguém lhe falou.

De todas as experiências registradas de pessoas que quase morreram por afogamento, acidentes de avião, grandes quedas ou de outras maneiras, mas que sobreviveram, a única característica comum foi que a experiência havia sido completamente diferente de suas expectativas, e completamente fora das imagens comuns sobre morrer.

Viver o seu morrer é viver sua vida, acreditar nas suas experiências. Ser alguém é diferente de ser ninguém.

A AMEAÇA DE NÃO EXISTIR

A maioria de nós tende a projetar seus papéis sociais no futuro, na esperança de manter o futuro estável. São estes papéis socializados que tememos perder, porque os equiparamos a existir. Perder os nossos papéis é ter medo de perder a nossa continuidade. Projetar-se no futuro é parte do viver. A projeção de nós mesmos no futuro estende a nossa existência e assegura a continuidade do nosso devir. Geralmente, qualquer coisa que iniba nossa crença no futuro causa medo. Não podemos imaginar um espaço em que não haja mais uma identidade pessoal. Tememos não existir, quer o saibamos, quer não. Simplesmente não temos um quadro de referência para isto.

Morrer pode ser a relutância ou a incapacidade de integrar novas experiências e novas formas, o cessar da expansão e contração. A vida biológica — que inclui, para mim, a existência psicológica — tem três preocupações principais. Uma delas é manter-se a si mesma. Outra é expandir a si mesma. E a terceira é reproduzir-se. O que quer que ameace um desses interesses ameaça a continuidade da existência, causa ansiedade. O que ameaça quebrar o fio da continuidade é como o medo da não-existência. Isto equivale ao medo de ser morto. Sentimos que a descontinuidade nos matará. A maioria das pessoas reage à perda da continuidade com medos de morte. A vida, no entanto, é descontínua. Por razões de segurança e sustentação dos papéis sociais, todos tentam ignorar os sentimentos de descontinuidade. Mesmo quando vamos dormir, a cada noite, afirmamos nossa identidade mantendo nossas maneiras aceitas de imaginar, revendo nosso dia ou projetando um problema excitante e significativo para resolver amanhã.

A primeira coisa em que pensamos quando nos levantamos de manhã é naquele problema, ou no café da manhã, ou em ser uma mulher bonita, ou em qualquer ação de toda uma cadeia de ações e pensamentos que organizam nossa auto-identidade e nossa referência no mundo. Dessa maneira, não permitimos a perda da continuidade e da auto-referência durante o sono.

Vou para a cama dizendo a mim mesmo que sou um escritor e acordo pensando em escrever livros. A memória das nossas vidas é a tentativa de manter um fluxo ininterrupto de sentimentos, pensamentos e ações em andamento. Queremos acreditar que nossa vida é totalmente contínua. Não nos lembramos muito dos espaços vazios. Pensamos que estávamos distraídos ou esquecidos quando deparamos com espaços vazios. Um momento de descontinuidade é como uma perda, com todas as suas respostas emocionais, que equivalem à morte.

Imagine que você está num quarto escuro, sozinho. De repente, ali onde você não podia ver nada, alguém acendeu a luz. Você não sabe onde está. Alguém abre a porta, alguém que você nunca viu. Chamam-no pelo nome errado e insistem que este é o seu nome. Insistem em dizer que você está em um lugar de que nunca ouviu falar, onde você nunca esteve antes. Como você sente isso?

O que acontece quando você não se lembra de um evento? O que aconteceu? Você perdeu o seu senso de continuidade? De repente, você experiencia uma dúvida tormentosa, a de que uma ponte na sua percepção não está aí. A conexão se quebrou. Você estava num lugar de que não pode se lembrar, fazendo algo de que não se lembra. Talvez comece a duvidar de quem realmente é ou de onde está. Toda a sua existência está ameaçada.

Esta perda da continuidade imaginada é, na verdade, uma perda de orientação social, que é uma das perdas primárias que todos temem. Esta continuidade é a cola que mantém o nosso tecido social ligado.

Este contrato de papéis aceitos é mantido pelos sentimentos e, se isto for impossível, por pensamentos, ação, ou, às vezes, sensação. Qualquer ameaça a uma dessas conexões causa ansiedade e nos faz recuar ou reforçar as maneiras conhecidas de nos mantermos conectados.

Uma experiência fora dos moldes da cultura de experienciar coisas, se for contada aos outros, é geralmente inaceitável ou nos faz sentir estranhos. Isto equivale a estar louco ou isolado, não conectado com a cultura — morto. Muitos filmes de ficção científica jogam com este ponto, quando as pessoas pensam que o herói está biruta porque vê um inseto gigante. Descontinuidade é o sentimento de estar desligado, descorporificado do corpo cultural. É a ameaça de não existir, de estar morto.

Cada um de nós tem a capacidade de terminar com sua própria existência, social ou corporalmente. Ao abrir mão da identidade e da continuidade social, talvez entremos em uma nova experiência de existência.

Até onde se estende nosso espaço de sua vida? Vivo em Berkeley. Sinto meu espaço de vida permeando minha casa, meu escritório. Além da casa, ele se estende aos edifícios locais, onde dou *workshops* ou palestras regularmente. Como sou credenciado junto ao escritório de Esalen, em São Francisco, meu espaço de vida se estende facilmente até lá pelo telefone. Também dou *workshops* em Chicago, Toronto, Boston e San Diego. Por intermédio da memória, da experiência, das amizades pessoais e do telefone, estou constantemente em contato com uma noção real da extensão do meu espaço de vida — ele abarca o continente.

Morrer é a perda ou a mudança dessas fronteiras. Morrer é abdicar dos valores e modos que constituem o nosso mundo. O processo do morrer não precisa ser desacelerar, encolher-se, compreender e aceitar o contato reduzido, mas, certamente, é o mundo operando de modo diferente. Você precisa estar preparado para um mundo inteiramente diferente, para novas possibilidades.

Permitir que nossas fronteiras mudem é ansiar por estar sozinho. Estar sem os velhos modos. Estar sozinho é encarar o desconhecido, para a maioria das pessoas. Estar sozinho é solidão, mas não é necessariamente estar solitário. Estar sozinho pode conduzir ao estabelecimento de uma nova relação consigo mesmo. Pela contração crônica do corpo e da imaginação, a maioria nunca se permite um novo sentido para o seu existir. Usamos nossas contrações para cimentar nossos limites, para tentar assegurar a continuidade da nossa existência. Morrer é a quebra nos nossos limites que conduz a uma nova existência.

ENCARANDO O DESCONHECIDO

Certas imagens tiradas da observação e lembranças são, para nós, dolorosas ou terríveis. São, na maioria das vezes, cenas de mutilação. E há sentimentos que tememos. São, na maioria das vezes, sentimentos incomuns ou que não nos são familiares. Com o que se parece o sentimento de morrer?

Lembro-me de que, no começo do meu trabalho, eu ficava assustado quando as pessoas se abriam para espaços psicológicos dolorosos e seus corpos se contorciam. Houve um camarada que desmoronou no chão na minha frente — retorcendo-se, gritando e chorando incoerentemente. Pensei que sua dor fosse enorme. O meu medo era, e quase roubou dele a sua experiência. Mais tarde, ele me garantiu que não havia sido tão doloroso. Aprendi com essa experiência — e com outras subseqüentes — que o que eu imaginava a respeito da dor dele era algo meu.

As pessoas dizem que têm o sentimento de morrer, mas penso que elas têm o sentimento que atribuem ao não existir. Elas experienciam um sentimento não familiar ou assustador para elas e associam-no à possibilidade de não existir. A imagem de morrer, pelo menos na nossa cultura, está tão sobrecarregada de terror e pânico que é difícil chegar ao que possa ser o sentimento puro de morrer ou o sentimento puro do processo de morte. Quando falamos do medo de morrer, somos somente capazes de dizer que as pessoas que estão bem — as que não estão morrendo — se apavoram com isso.

Certa vez, em um grupo, um rapaz descreveu o terror absoluto que sentiu quando, no meio da noite, foi despertado pela imagem de um homem no seu quarto. Esta imagem, esta aparição tinha um aspecto fantasmagórico e cinematográfico. O rapaz disse que sabia que essa imagem não era real, que era aparentemente uma projeção de sua mente, mas, ao mesmo tempo, ele estava terrificado. Se, na sua situação, ele tivesse aceito esta imagem do terror e não sido uma vítima dela, teria feito uma descoberta que se coloca entre as descobertas mais importantes dos homens — a de que ele tem o poder de resistir ao não-ser. Todos nós temos.

Estive conversando recentemente com uma mulher que trabalha com pacientes geriátricos. Ela me disse que muitos de seus pacientes sabem que estão morrendo: "Eles têm fantasias muito bonitas sobre o que vai ser o mundo deles". Eu lhe disse: "Escute, Paula, como assim, fantasias? Eles descrevem um lugar, um sentimento, um tipo específico de realidade. E você chama a isso fantasia! O que está dizendo, na verdade, é que a descrição deles não se encaixa na sua percepção de mundo. O que você fez foi colocar as pessoas que estão morrendo fora do seu quadro de referência e dizer que o mundo delas não existe. Você transformou a percepção delas numa alucinação!".

Esta é uma posição terrificante para qualquer um, mas mais ainda para a pessoa que está morrendo, porque a ensina a rejeitar as suas próprias percepções. A pessoa que está morrendo fala de um lugar para o qual percebe ou sente que está indo. Elas podem estar num determinado estado supersensível, mas, então, esse estado leva à sua alienação social. O resultado é uma perda da continuidade interna, que é assustadora.

Eu estava sentado numa cadeira com os olhos semicerrados, deixando entrar só um pouco de luz, e comecei a imaginar um ponto ou fantasiar um pequeno objeto a certa distância, aproximando-se cada vez mais de mim. Deixei-o crescer até que ele ficou muito grande, à medida que se aproximava. Queria saber que reações eu teria. Quando ficou enorme, senti que estava sendo avassalado. Se eu conceber a morte chegando a mim desse modo, vou me sentir aterrorizado. Mas a morte não vem me pegar. Eu sou a morte. Enquanto eu estava nesse jogo, o pânico que senti estava ligado à minha concepção de morte, mas não estava ligado ao processo de morrer. O pânico originou as minhas imagens.

Nascer pode ser um evento doloroso, que a mãe e a criança registram e recordam. Penso que se uma mãe tiver inibições profundas contra experienciar o seu próprio prazer e estiver com medo do nascimento de seu filho, mesmo que o deseje, a criança se mobilizará contra a resistência uterina. Acho que há por aí muitas pessoas com lembranças corporais de seu nascimento que atuam como um gatilho da ansiedade de morrer. Uma criança que precisa forçar uma abertura contraída para entrar no mundo tem uma memória celular de sua luta. Também pode ser que uma pelve, naturalmente apertada, pequena, apresente à criança dificuldades que são dolorosas ou traumáticas. Além disso, a experiência prévia da mãe com esta dificuldade também pode predispô-la a temer a pressão normal do nascimento e contrair-se.

Isto cria um efeito de amarras no corpo que inibe sua expansão. O medo é o de que talvez não vivamos, e uma espécie de desamparo. Desta maneira, nascer e morrer são eventos organismicamente similares.

A título de esclarecimento, repito que precisamos morrer desamparadamente, da mesma forma como a criança não se preocupa conscientemente com a passagem estreita. Ela está por demais envolvida no processo para se preocupar. No entanto, isto não evita que o organismo perceba e registre o evento de tal modo que ele crie um medo profundo. Os efeitos corporais de um nascimento contraído podem agir como um fator de auto-inibição durante a vida.

Acredito que, no nascimento de uma criança, a parte de fora do corpo da mãe se torna uma extensão do útero. Os padrões rítmicos, pulsatórios, do útero, prosseguem, apesar de modificados, na superfície do corpo da mãe. Quando a criança é tirada da mãe e colocada na incubadora, padrões respiratórios de estresse se instituem e a criança aliena-se. Esta ação mobiliza ansiedade no novo corpo e um medo profundo acumula-se dentro dele, a partir desse momento. Mais tarde, à medida que o organismo começa a morrer, esse medo retorna, já que o organismo pode tender a morrer do mesmo modo que nasceu, ou agir de modo a evitar a experiência do seu nascimento. A pessoa que está morrendo experiencia medos de ficar novamente constrita, alienada e desamparada.

Nesse sentido da alienação, de pressão da constrição, de perda, do abrir mão de papéis para o processo de morrer, podem começar a emergir sentimentos negativos, hostis, vingativos, sádicos. A auto-imagem da pessoa que está morrendo se altera. Você tem a imagem de ser uma boa pessoa, que nunca fica com raiva. De repente, a raiva e o ódio estão mobilizados dentro de você, vindo aparentemente do nada. Você não dá conta disso. Então tenta bloquear, empurrar essas coisas de volta para dentro, mas isso se torna doloroso. Ou você quer gritar, como nas ocasiões em que não lhe permitiam gritar, quando criança: "Não me deixe sozinho! Não me abandone! Não me afaste do contato, porque me assusta!". Mas não é isto que se espera de você; espera-se que você seja corajoso, auto-suficiente. Espera-se que você morra silenciosamente, sem dar trabalho a ninguém — exatamente do modo como viveu. E, portanto, você revive todos os medos da infância e nunca protesta.

Essas coisas devem vir à tona. Elas estão na base de todos os nossos medos de morrer — o medo de termos de encarar novamente as ansiedades e medos não resolvidos do começo da vida. E nossas instituições tentam nos forçar a resolver esses sentimentos da forma como os resolvemos na infância: "Você precisa aprender a estar só. E morrer sozinho. Morrer sem amigos e morrer por si mesmo", que é tudo o que você esteve evitando a vida toda.

Morrer é ter de encarar o desconhecido num mundo controlado de modo tão minucioso que o desconhecido não passa de uma experiência assustadora. Nossa sociedade é o resultado contínuo de uma história de trabalho árduo para controlar o desconhecido. No decorrer de uma vida, fazem-se esforços tremendos para se alcançar um controle assim.

No entanto, o Desconhecido, com "D" maiúsculo, é o fato central da vida. Sejam quais forem as características e atividades por meio das quais fazemos com que a vida pareça ser uma continuidade da atividade consciente, isso são formas de controles pelas quais tentamos eliminar o Desconhecido. Viver o nosso processo de morrer é encarar o Desconhecido. Há um conflito entre a realidade objetiva que queremos estabelecer e viver e a realidade subjetiva que nos motiva. A realidade objetiva é atingida por um consenso social sobre a realidade interna. Concordamos que tal e tal coisa é algo que experienciamos todos e, portanto, é real. A ciência está baseada nesta lógica e a vida da cultura também.

Uma grande parte do que se chama desconhecido simplesmente se constitui de eventos normais da experiência mais profunda. Além disto, é preciso reconhecer que a vida revela a si mesma do seu próprio modo, um modo bastante estranho ao processo do raciocínio, que organiza e controla a realidade objetiva.

O que significa perder o controle? Nossa educação aquisitiva e possessiva mobiliza nossas defesas contra qualquer tipo de perda. Temos de ser forçados a abrir mão de algo. Essa mentalidade aquisitiva está profundamente enraizada em toda a nossa atividade. Uma das conseqüências disso é o medo secreto de todos nós de que ceder, em última instância, signifique perder o controle da urina e das fezes. O medo dessa possibilidade, a vergonha que este "acidente" pode criar se deve à marginalização social deste crime, que vem imediatamente à cabeça de qualquer pessoa com mais de três ou quatro anos. É um exemplo de sentimentos e experiências evitadas ou controladas a vida inteira. O medo da eliminação inadequada é um exemplo poderoso de toda uma família de medos escondidos que devem ser confrontados. Há outros exemplos: o medo de gritar; o medo de não saber o modo certo de agir; o medo de não ter coragem; o medo de desagradar alguém que tem autoridade. Todos esses medos surgem de aplicações individuais familiares e culturais das regras culturais, e podem levar a pessoa que está morrendo a morrer a morte de outro em vez da sua própria.

Norman O. Brown disse que só uma pessoa com vidas não vividas tem medo de morrer. Uma pessoa que sente que viveu sua vida do modo que quis não tem medo. O medo de morrer está ligado aos objetivos de vida de quem você acredita que deva ser, e não de quem você é.

Parte do medo de morrer — e da excitação de viver — surge porque, já que podemos conceituar o nosso futuro, estamos sujeitos a desapontamentos e catástrofes. O medo de morrer pode advir da perda de nossas expectativas projetadas no futuro. Uma parte da vida é aprender como corrigir parte da nossa mitologia incorreta, à medida que prosseguimos. Abrir mão do que não precisamos mais. Isto poderia incluir parte de nossas projeções no futuro.

Nos últimos estágios de morrer, há sensações. Não são ideais, não são conceitos, há simplesmente o estado de estar nesse processo. E, quando digo isso, não acredito que pudesse usar essas palavras se já não tivesse sido tanto eu mesmo que conheci períodos em que perdi o sentido do meu corpo. Uma vez, entrei nesse espaço de estar vivo sem imagens. Eu vivi isso com o máximo sentido de ser eu mesmo.

ALGO EM MIM DIZ EU

Há muitas maneiras de descrever o caminho para morrer. Há o morrer aceitável, o morrer inaceitável, o morrer natural e o morrer não-natural, o morrer acidental, o morrer súbito, o morrer surpreendente, o morrer passivo, o suicídio, o morrer prematuro, o morrer de doença, a autodestruição, e a lista poderia prosseguir indefinidamente. Dado que nomes diferentes poderiam se aplicar a estilos similares de morrer, todos esses termos refletem tentativas sérias de falar a respeito e compreender como e por que as pessoas morrem, e de que forma a morte se conecta com a vida que a precedeu.

Qualquer estilo distinto de morrer é, na verdade, um programa para morrer. Quer dizer, é parte de um modelo ou desdobramento que tem raízes muito longínquas na vida de uma pessoa. Assim como toda personalidade é singular, há também uma variedade infinita de estilos de morrer, mas eles de fato parecem se adequar a certas características gerais. Já descrevi os dois estilos básicos de morrer, por congelamento e por explosão, como resultado direto dos processos energéticos. Dentro de cada estilo, pode-se distinguir se alguém morre a sua própria morte singular, a que expressa a sua pessoa, ou se ela morre a de outra pessoa ou a da cultura.

Em seminários que conduzi sobre morrer, as pessoas quase sempre expressavam algum tipo de remorso por coisas que não haviam feito nas suas vidas, e medos específicos conectados à "má" morte.

A "boa" morte era descrita geralmente como não sentir dor ou morrer "naturalmente" (de velhice, por exemplo); e a "má" morte era geralmente aquela que ninguém queria. Portanto, as pessoas ansiavam por morrer, desde que sua morte fosse desejável.

O morrer bem ou mal também foram expressos como: "Quero morrer como uma pessoa digna, controlada, não gritando ou sem controle sobre as minhas emoções". Essas preocupações com a "boa" ou a "má" morte sempre vieram daqueles que não queriam tomar conhecimento de que estavam morrendo. Geralmente, queriam que fosse algo rápido, inesperado, uma fatalidade violenta, um acidente de carro ou um ataque do coração. Elas geralmente desejavam fazer a sua morte sozinhas, em particular, sem se preparar. Havia conflito, no entanto, entre os que desejavam morrer rápido ou sem preparo, durante o sono, por exemplo, e a falta de uma oportunidade para dizer adeus.

Houve aqueles que optaram por estilos mais lentos de morrer. Eles desejavam muito participar, ver o final chegando, colocar seus negócios em ordem, contar com amigos e familiares ao seu redor. Falavam com freqüência de querer se fundir com o universo, dispersar-se nele, partir enquanto estivessem sendo tocados, abraçados ou mantendo alguma forma de contato. Estavam preocupados em estar alerta, mas sem dor.

Uma pessoa que tem medo de viver sua própria morte pode estar ansiando por morrer num acidente de avião, de carro ou de qualquer uma das muitas formas em que possa estar passiva e sem responsabilidade direta sobre a sua morte. Uma vez que a cultura geralmente aprova uma morte violenta, tal pessoa também estaria vivendo uma forma de morte da cultura. Pode ser a imagem da Ceifadora Implacável — uma forma da noção popular em que a morte virá para pegá-lo —, uma imagem medieval que, de algum modo, se cumpre no exemplo acima. Posso arrumar alguém para me matar. Esta é uma expressão do meu desejo de não morrer por mim mesmo ou por minhas próprias mãos. Uma variação seria morrer na cirurgia; arrumar um médico para me matar, sob o disfarce de tentar salvar minha vida. Este programa de morte segue o padrão: "Não tenho de viver minha vida nem minha morte".

A morte prematura é um programa por meio do qual a morte parece chegar antes da hora. Um rapaz de 23 anos desenvolve um câncer nos ossos e está morto em três semanas. Ou Jennie morre de leucemia em *Love Story*. Alguém aos dezoito anos desenvolve uma doença do coração. Todas as mortes nesse estilo parecem ser o resultado do tipo de doença que se associa geralmente com uma pessoa muito mais velha.

A fronteira entre a morte acidental e o suicídio é nebulosa. Um estudo feito no Texas mostrou que quase 30% de todos os acidentes de automóvel podem ter sido suicídios. O estudo trazia relatos documentados, como o seguinte. Um homem, furioso durante uma briga com a sua mulher, disse a ela: "Eu queria estar morto". Minutos depois de sair de casa intempestivamente dirigindo, estava morto. Aparentemente ele só entrou na frente de um outro carro.

Do mesmo modo, a fronteira entre a morte acidental e a morte voluntária, passiva, é obscura. Há vários anos, um avião francês caiu perto de Dijon com 55 pessoas a bordo. Quatro ou cinco sobreviveram. Mencionou-se que uma delas, um francês mais idoso, disse que não queria entrar no avião. Sabia que havia algo errado. Ele ignorou ou passou por cima de si mesmo. Recebeu uma mensagem que dizia ao seu *self* consciente, o que toma decisões: "Não entre naquele avião!". Mas ele decidiu ir mesmo assim.

Certa vez sofri um acidente de automóvel quando estava num estado de raiva. Completamente obnubilado, muito intenso, frustrado, não sabia o que fazer a respeito de uma situação em que me encontrava e, mais tarde, me ocorreu que naquela época a autodestruição seria uma alternativa viável.

Estou tentando mostrar que estilos de morrer são manifestações de programas específicos que podem ser compreendidos, pelo menos parcialmente. A morte súbita, por exemplo, pode ser o resultado de não se dar ouvidos às próprias mensagens sutis, combinadas ao fato de que, naquela situação, morrer é uma alternativa viável. Acredito que isso significa que a parte de uma pessoa que ignora a mensagem de advertência, na verdade, quer morrer. Talvez porque ela tema estar tão em contato consigo mesma, ou tema pensar sobre a morte como uma possibilidade, ela não percebe o significado. Uma série de mortes súbitas podem não ser mortes súbitas, mas suicídios sutis. Pensaríamos nelas, normalmente, como sendo acidentais. Mas quando uma pessoa "tem um acidente", como cortar o dedo ao abrir uma lata, percebemos que o acidente ocorreu porque a pessoa não prestou atenção e não estava em contato consigo mesma. O organismo, de al-

79

gum modo, não fez a ponte entre o nível normal de coordenação e a ação empreendida.

É claro que também não sabemos como qualquer pessoa está elaborando o seu programa de morrer — que tipo de morte aquela pessoa quer. Pode ser que a morte súbita, aparentemente acidental, seja exatamente o modo de morrer que a pessoa busca. Esta não é uma afirmação mórbida. Morrer é uma resposta perfeitamente válida para certas situações.

Balzac, em *The Alquest*, fala de uma mulher presa em um conflito entre seus filhos e o marido. Ela está dilacerada entre o amor e a fidelidade, incapaz de saber o que fazer. Finalmente, chama sua filha e lhe atribui a responsabilidade pelo marido. Fica claro que a mulher está escolhendo morrer como sua solução para esse conflito. É estarrecedor, porque Balzac retrata a morte quase como um ato voluntário. Na história, terminar a vida voluntariamente torna-se uma alternativa viável.

Pode haver uma disponibilidade para morrer, uma disponibilidade para acabar com a própria vida. Ser, sem passividade. Ser a vítima do nosso processo de morrer. Por exemplo, podemos sentir que nos fizeram uma grande injustiça e decidir apressar a nossa morte. O anseio de morrer está relacionado ao anseio de viver a vida e compreendê-la nos seus próprios termos. Ou pode ser o anseio de resistir a ela. A necessidade de protestar — de aderir ao processo de morrer, instigá-lo, mas, por outro lado, protestar.

Disponibilidade significa a interação, a cooperação, de todas as partes de nós mesmos. Significa a decisão de fazer contato com quaisquer partes que sejam resistentes. O *self* instintivo, o *self* psicológico, o *self* social e o *self* biológico começando a dialogar. O *self* sensível conversando com o *self* que pensa, ou o *self* que age respondendo ao *self* que imagina; a parte que está morrendo conversando com a parte que está vivendo, a parte social conversando com a parte corporal. Dessa interação pode surgir um novo entendimento do nosso programa de morrer, à medida que elaboramos as nossas vidas.

Se você admitir como eu, que todo mundo tem algum controle sobre o ato de morrer, é possível conseguir alguma familiaridade com o processo de morrer e aprender como obter maior direção consciente sobre esse processo dialogando com nosso *self* menos social e aprendendo a ler nossas mensagens mais interiores.

Quando um médico encontra as evidências de um câncer durante um exame, ele nunca diz ao paciente: "Algo dentro de você quer morrer, algo em você está contra o seu *self* social ou *a favor* do seu *self* que está morrendo". Mas esta é a verdade. Há muita gente que alterou o seu programa de morrer e prosseguiu vivendo vidas diferentes. E há muita gente que escolhe consistentemente ignorar aspectos importantes de seu *self*. Tendo a colocar na mesma categoria o homem de negócios que foi fulminado durante o almoço com um ataque do coração e o caminhoneiro que compete na estrada com outro caminhão. Tais pessoas estão fora de sintonia consigo mesmas. Não estão onde deveriam estar, nem psicológica, nem fisiológica, nem fisicamente. A pessoa não está plenamente em contato consigo mesma, não está no presente, está fora, em outro lugar. Muitas pessoas simplesmente não têm idéia de que há coisas tais como mensagens mais profundas, que sentimentos e sensações são parte integrante da experiência do *self*. Muitas pessoas acreditam que sonhos, fantasias, imagens, figuras internas e outros eventos interiores espontâneos não têm propósito, significado ou utilidade para elas. Tais crenças afastam a pessoa dos instrumentos, conceitos e compreensões simples que lhe permitiriam escolher viver independentemente dos ditames da cultura, ser livre para expressar quem deseja ser.

Mas a questão central pode ser a de que a morte somos nós — nós morremos, terminamos a nós mesmos. Ninguém precisa nos ensinar como; sabemos como. Nesse sentido, cada morte é como um suicídio. Este pode ser o nosso maior segredo. Saber que sabemos sobre morrer, seu como e talvez o quando, e o desejo de viver este processo, por ter essa oportunidade pela nossa própria liberdade.

TEMPO BIOLÓGICO

1, 2, 3, 4, 5, 6... o mundo é repartido em um número infinito de pontos, em partículas que podem ser medidas ao infinito, 23, 24, 25, 26, 27, e assim por diante. Este processo de contagem, esta adição contínua de unidades iguais, reparte o tempo, reparte o espaço. Pensamos nisso como líquido e certo. Nós o chamamos tempo-espaço. Mas a cultura precisa de linearidade. É um instrumento básico do mundo dos negócios e do mundo científico.

Supostamente, esse modo de conceber o tempo-espaço — medindo-o em porções iguais — teve início e se disseminou no Renascimento. McLuhan afirma que a invenção do tempo linear se deu ao mesmo tempo que a morte da linguagem poética e a introdução da prosa na nossa cultura. Naquela época, havia a demanda de uma nova precisão e o espaço e o tempo se estabeleceram como entidades separadas.

Com este tipo de visão de mundo, vivemos a mensuração de nossas vidas. Vemos um começo e vemos um fim. Os eventos devem seguir um certo curso, finito ou infinito. Então ficamos presos a um tipo de pensamento absolutamente limitado, que poderíamos chamar de contabilidade temporal. Nesse sistema, o calendário é rígido; a vida é medida em doses iguais e dirige-se inexoravelmente para uma conclusão finita. Não pode haver pausa nem retorno.

No entanto, há uma outra visão que podemos sustentar. Podemos conceber nossa vida como *acontecimento*. Podemos nos tornar parte do processo da vida em termos de coisas acontecendo, os eventos e suas expressões. Acontecimentos ocorrem sem um começo ou um fim, e podem nos levar a um nível de existência inteiramente diferente. Assim, posso falar desta ou daquela ocorrência em minha vida e posso começar a falar do término de minha existência corpórea como um estágio na minha vida. Minha personalidade está intimamente ligada à continuidade. Expandir ou contrair a minha personalidade é alterar essa continuidade. O conceito de acontecimento permite abrir mão do tempo da cultura e ganhar nosso próprio espaço-tempo, um ambiente onde viver nosso processo.

A contabilidade temporal é imposta ao nosso *self* social; o tempo-espaço flui no *self* corporal. A contabilidade temporal está baseada na precisão da máquina; o espaço-tempo é biológico; nele, a vida é experienciada como processo. Pode-se chamar de espaço-tempo os ritmos corporais — que todos conhecem, mas poucos consideram importantes. Deixem-me assinalar que no espaço-tempo não se fala de morte do corpo, mas só da morte do corpo do ponto de vista do observador. Este é um fenômeno totalmente diferente; ele o convida a evitar a cultura vivendo o seu processo, a sua auto-experiência a partir de dentro. Eu observo o seu morrer. Você pode observar o meu morrer. *Mas a experiência do processo de morrer não tem nada a ver com o que você está observando.* Se derivarmos nosso conhecimento sobre o morrer das nossas observações, poderemos não ter descoberto nada sobre como é morrer.

Quando ministro *workshops* profissionais, tenho sempre de lembrar aos terapeutas que focalizem o processo. Esqueçam o produto. Estamos todos tão atentos à contabilidade temporal e ao espaço cultural que ignoramos nossos processos de vida mais profundos. A cultura valoriza o material em detrimento da energia. Sua tarefa é reverter essa atitude na sua vida.

O tempo de vida é o tempo que leva para vir a ser. Pode-se dizer que é o tempo de todos os acontecimentos que ocorrem na expressão da nossa vida. Na verdade, não se leva nove meses para incubar um bebê. A rigor, o espaço-tempo envolvido deve incluir, no mínimo, o trecho da existência que compreende o pensamento, o desejo, a preparação do útero e o prolongamento ou extensão do espaço pelas pessoas que estão criando um novo ser. Nosso viver é nosso tempo de vida.

Uma outra diferenciação é distinguirmos o tempo socializado do tempo do morrer. O tempo socializado é o tempo do cérebro, o tempo contabilizado. O tempo do cérebro é mais lento que o tempo hormonal, no sentido de que o impulso nervoso viaja mais rápido do que o seu cérebro possa pensar. O tempo do cérebro é mais rápido do que o tempo hormonal, no sentido que você pensa mais rápido do que o tempo que um sentimento leva para se desenvolver plenamente em sua experiência. O tempo molecular é muito rápido, centenas de vezes mais rápido do que o tempo do cérebro. No entanto, no nível organizacional, são necessários milhões de acontecimentos moleculares para produzir um evento corporal.

Se você pensar nas funções corporais como tendo um valor progressivo com relação ao todo, então verá a função do cérebro como algo mais importante do que as funções hormonais ou moleculares. Esta é a ordem evolutiva, de uma só célula para o homem, que aprendemos desde o curso primário. Você decide que pensar é mais importante do que sentir. Este sistema valorativo é consoante com os conceitos de tempo contábil, finalístico, orientado para o produto.

Se você conceber as funções organísmicas como acontecimento puro, então verá a vida do organismo comprometida com a auto-expressão contínua entre seus muitos níveis. Pode ser significativo descrever o cérebro e os espaços-tempos hormonais e moleculares como igualmente importantes. Já que não podemos morrer até que tudo em nós o queira, o processo de morrer é um diálogo ou um monólogo que reconcilia o tempo contábil e o tempo do corpo.

Quem irá dizer o quanto dura o tempo de uma vida? Quem irá dizer quanto dura o tempo de morrer e o que advém do mundo do espaço-tempo que todos concordamos em aceitar? E por que se considera irreal o espaço-tempo do morrer, esse tempo de vida em segundos de espaço?

SEXUALIDADE

A sexualidade é quase um treino para morrer — uma intensificação do processo de morrer e um ensaio do acontecimento morrer. O estado orgástico que produz sentimentos de êxtase é uma rendição ao involuntário e ao desconhecido. O orgasmo requer abrir mão de nós mesmos em favor do que está acontecendo em nós. Nossa percepção mundana tem de permitir esta rendição. O estado orgástico também produz sentimentos de morrer, suscita medos de morrer, porque a percepção social pode ser ameaçada pelo involuntário. A construção da excitação, a construção do movimento involuntário, a percepção social rendendo-se mais e mais ao domínio do involuntário, depois o clímax, depois a breve perda da consciência, que Wilheim Reich descreve como o sentimento de estar no cosmos, sem limites, sem contenção, e, depois, o lento retorno, associado, para muitos, ao medo de morrer ou ao desejo parcial de evitar a experiência. Todas as descrições que li ou ouvi sobre o estado orgástico referem-se a sentimentos de fusão, de fundir-se com, de se tornar um, não saber para onde se foi depois de um certo ponto. Esses relatos, os escritos de Reich e a minha própria experiência deram-me os indícios de que morrer pode ser orgástico. Pode haver um vínculo entre morrer e orgasmo, entre morrer e sexualidade. O como autorizamos ou inibimos nossas experiências orgásticas pode estar profundamente relacionado ao morrer.

O modelo orgástico pressupõe uma construção de energia até que se atinja o clímax, a descarga no clímax e, depois, uma diminuição da energia. Este modelo se realiza no corpo pela combinação de muitos ritmos entrando em harmonia: o ritmo respiratório aumenta progressivamente; a coordenação muscular cresce; o nível de energia sobe; os sentimentos e sensações são percebidos mais intensamente. Todos esses ritmos tornam-se mais harmoniosos à medida que aumentam em intensidade. Eles tendem a se arrastar mutuamente no processo, somando-se. Os ritmos do corpo começam a encontrar o seu caminho no padrão geral da excitação. Finalmente, pode haver uma expressão unitária do organismo — a completa participação involuntária num evento que conduz à descarga.

O evento de morrer também é a soma de muitos ritmos, mas é uma espécie de soma ao contrário. O organismo encontra-se num estado contínuo de excitação, mas a quantidade de carga começa a se dispersar. Expansão e contração, inspiração e expiração, excitação e diminuição, abrir e fechar, iluminar o mundo e, depois, retrair-se para assimilar o mundo — todos esses padrões biológicos estão se dispersando, tornando-se cada vez menos interconectados. Muitos dos movimentos involuntários do organismo no acontecimento da morte, como defecar, ter uma ereção, repuxar o corpo, pender a língua, virar os olhos, são tentativas de liberar a energia, abrir mão da excitação, descarregar e permitir que os ritmos da vida encontrem um *continuum* de expressão. Esses ritmos parecem arrítmicos, desconectados; eles não se somam. Seu padrão é o padrão orgástico. Este perfil pode ser observado mesmo nas mortes súbitas.

Excitação, clímax, liberação da expressão, assimilação, união — esses estágios são visíveis em todos os processos do viver. Por exemplo, o medo é um estado de alta energia que, fiel a esse padrão, quer chegar à sua realização. Portanto, você não explica e afasta os medos, você os experiencia, integra-os, deixa-os partir. Da mesma maneira, a dor, a ansiedade e outros estados da energia podem encontrar uma resolução. A energia expande-se na experienciação, na fusão e na plenitude. Podemos estar tão apegados a papéis sociais ou psicológicos que talvez queiramos impedir que eles cheguem a um final. Desta maneira, o estado de alta energia — dor, terror, ansiedade ou o que for — se perpetua. Do ponto de vista dos padrões energéticos da vida, podemos compreender a necessidade de uma finitude.

Percebendo esse processo de outra maneira, vejo que uma mulher grávida sempre acha que está involuntariamente se preparando

86

para o nascimento. O organismo sabe profundamente o que fazer. Todo o corpo é programado para ajudar a gravidez, o crescimento do feto e, finalmente, o parto da criança. O corpo prepara os padrões de respiração, inicia os padrões de extensão, altera as respostas de sentimento. Todo o organismo se organiza para o acontecimento.

Penso que a mesma coisa vale para morrer. O organismo compreende como morrer. Podemos facilitar ou inibir o processo. Uma coisa interessante é que o organismo tem um mecanismo de *feedback* para a autocorreção. Podemos aprender a escrever um outro mito. Podemos ter um papel na criação ou evolução das nossas vidas. Este é o significado do nosso cérebro, do nosso destino, ser capaz de aplicar conhecimento para mudar o mundo. Podemos ajudar a regular os nossos processos. Podemos criar as nossas vidas.

DIÁLOGOS INTERNOS

O acontecimento morrer é um momento especial, no qual começamos a resolver a infinitude. Os aspectos da pessoa que não foram expressos ou não foram vividos podem, de agora em diante, ser livres para se expressar. Essas muitas necessidades podem não se dar a conhecer em palavras ou imagens. O acontecimento morrer pode ser marcado como uma experiência de sensações, humores, sentimentos, pulsação, vibrações e outras percepções que não fazem parte da percepção rotineira.

Poder-se-ia dizer que o morrer longo, prolongado, tende a ocorrer com as pessoas que se recusam a deixar alguns de seus aspectos encontrarem uma expressão, ou que tentam insistir em que um aspecto ou um pequeno número de aspectos mantenham a predominância a todo custo. Também pode ser que a pessoa experiencie o acontecimento de morrer prazerosamente e esteja tentando estendê-lo. Poder-se-ia dizer que a duração do evento da morte de alguém está relacionado à velocidade da resolução interna de todos os seus aspectos não expressos. E se poderia postular que a dor no morrer resulta da resistência à tentativa de expressão de um aspecto.

Pergunto-me se alguém só pode morrer quando todo o *self* está em harmonia quanto a morrer. Há também a possibilidade oposta: alguém morre subitamente como uma expressão do desgaste de um aspecto negligenciado ou ignorado com relação aos outros. Em qualquer um dos casos, afirmo que uma pessoa pode ter acesso ao modelo do seu programa de morrer à medida que ela pode estabelecer e manter contato com aspectos não-verbais de si mesma e deixar esses aspectos terem expressão na sua vida. Os diálogos internos dão aos muitos aspectos do *self* uma oportunidade para se expressarem. Dialogar consigo mesmo encoraja o aspecto social a abrir mão de sua posição de domínio sobre os outros aspectos. O diálogo interno valoriza o como estamos terminando, dá lugar ao não vivido, ao não evocado; começa a dar valor a coisas aparentemente sem sentido, como um modo de os nossos programas se revelarem, uma maneira de ler suas mensagens secretas e um modo de a pessoa que está morrendo extrair propósito e sentido de sua morte.

Os diálogos internos são simplesmente o como conversamos conosco a nosso respeito, e como essa conversa se expressa pelas memórias, sentimentos, sensações, imagens e papéis sociais. Os diálogos internos também são o como fazemos a nossa mitologia, o como ensinamos a nós mesmos, o como mantemos ou rompemos nossos limites, o como mantemos ou quebramos nosso sentido de continuidade e como descobrimos e incorporamos ou negamos o inesperado. Os diálogos internos são padrões, programas e roteiros que parecem certos para nós, que determinam a nossa singularidade e formam nossos julgamentos. Esses padrões enquadram-se em duas categorias: há os programas sociais, que incluem regras sobre o contato consigo mesmo e com os outros, o como cada um foi ensinado a se comportar e os papéis que aprendem a desempenhar; e há os programas biológicos, que incluem todos os padrões de comportamento que foram dados ou construídos pelo organismo — respirar, comer, digerir e eliminar, sono, sexualidade, nascimento, morte, e as funções do sistema nervoso autônomo.

A maioria das pessoas se encontra inesperadamente na sua situação de morte, porque se esquivou de fazer contato ou não sabia como sustentar ou desenvolver a capacidade de se conectar com seus roteiros biológicos. Por exemplo, o aspecto visceral pode estar dizendo ao aspecto neural: "Estou pronto para morrer agora", ou o aspecto neural pode se assustar porque teme por sua vida, ou pode ter ignorado o aspecto visceral por tanto tempo que não o reconhece. E, agora, a pessoa está no hospital com um corpo muito debilitado, perguntando-se o que está acontecendo e acreditando que a morte a ceifou súbita e impiedosamente. E esta atitude é reforçada pela família e pelos médicos, é claro, já que nenhuma dessas pessoas pode verdadeiramente estar consciente do que está acontecendo no mito de morte daquela pessoa. Nesse sentido, o corpo debilitado da pessoa que está morrendo é só a ponta do seu próprio *iceberg*.

Pode ser também que o cérebro tenha começado a dizer ao *self* social: "Você vai morrer, portanto diga ao estômago que comece a morrer", como uma pessoa segurando um revólver contra a própria cabeça. E então um dos aspectos, o cerebral ou visceral, fica muito louco e diz: "Não estou pronto". Morrer pode ser como um sinal de um aspecto do *self* para outro. Quando alguns dos aspectos não estão em conversação, um deles pode ficar muito ansioso quanto a isto, enquanto outro não.

A maioria das pessoas tenta resolver seus problemas pensando nas coisas, imaginando alternativas ou se colocando na pele dos outros. Esta é uma tentativa de diálogo interno, mas pode não satisfazer. Isto quer dizer que um dos lados vai em frente negando as necessidades ou protestos de outros aspectos internos — quer julgando, sendo sensato ou por auto-intimidação. Atinge-se uma solução, mas a pessoa permanece levemente insatisfeita, porque o aspecto abafado não teve a oportunidade de revidar ou se defender.

Desenvolver um diálogo interno é aprender como chegar a soluções deixando que cada aspecto diga o que tem a dizer, de modo que a solução seja uma resolução verdadeira dos roteiros mais profundos da pessoa. Para identificar todos os personagens internos, veja o que cada um tem a dizer, quais são suas diferenças e se pode haver uma conversa entre eles para criar uma nova síntese de autocompreensão e novas possibilidades para a expressão da vida.

Penso em mim mesmo como governado por um conselho de diretores sem presidente permanente. Todos os personagens identificáveis têm seu lugar, e novas personagens são sempre bem-vindas. Olhando o conselho em redor, vejo o debatedor, o apaziguador, o sensato, o justificador, o que pune, o que ama, o religioso, a mãe e o pai. Em um dia, posso desempenhar alguns ou todos esses papéis, inclusive outros.

Também identifico os meus sentimentos, que se comunicam por meio da emoção, e minhas sensações, que se comunicam em qualquer ponto no meu corpo pelas mudanças de temperatura, pequenos movimentos, mudanças de pressão, mudanças de peso etc. Então posso identificar minhas representações, que se expressam por imagens e visões, e meus sonhos, que se comunicam mediante palavras, imagens, sentimentos, sensações e lembranças, quando durmo. Há também minha memória, que usa palavras, imagens, sentimentos e sensações para lembrar acontecimentos sociais e pessoais. Então há o meu diretor biológico, que controla todo o funcionamento involuntário do corpo, que define meus limites físicos no mundo e se comunica com padrões de movimento e com minha imitação ou adoção das vozes e gestos de outras pessoas. Também conto com a minha parte sexual, a urgência de reprodução e orgasmo, e meu aspecto universal, aquela parte de mim conectada com todas as pessoas que já viveram ou vivem agora, e com a força da vida, que pode expressar-se pela sabedoria do código genético e por manifestações de direções nos níveis mais profundos do meu ser.

Esses são os membros regulares, mas quero enfatizar que há muitos assentos sobrando para novos membros ou membros esporádicos, que podem se apresentar em circunstâncias incomuns, que podem aparecer de repente, ou cujo aparecimento pode assinalar todo um novo ciclo de acontecimentos. Esse elenco de atores também não pretende ser definitivo; ele é, de fato, propositadamente vago, para não categorizar nem restringir a experiência, só estimulá-la. Observe que só os primeiros dois membros deste conselho se comunicam por palavras. Isto significa que a maioria dos aspectos de mim mesmo são não-verbais. Funciono na maior parte fora do quadro de referência da atividade mediana que nossa sociedade delineia como a marca do estar vivo.

Em outras palavras, o meu organismo tem uma lógica que é só dele, uma inteligência só dele, um modo de raciocinar baseado na sua presença de si mesmo. A afirmação de minha vida como processo se expressa por meio de todos os membros do meu conselho quando me identifico com todos eles. É o desenrolar das suas interações que chamo de minha mitologia. Da mesma forma como ora um membro será o presidente do conselho, ora outro, também às vezes eu me sentirei identificado com meu aspecto ego ou com um certo papel social — tal como o de pai — e outras vezes me identificarei com meu aspecto sensível, sonhador ou sexual.

Para a pessoa que está morrendo, viver seu mito significa dar-se conta de que *ela é sua própria morte*, que ela a escolheu, e que há mais do que "consciência", corpo ou papéis sociais que devem ser finalizados ao morrer.

O aspecto ego diz "Eu" e, assim, reclama a posse do organismo inteiro. O aspecto social apóia a reivindicação do ego. Esses dois aspectos verbais tentam sujeitar o restante dos membros do conselho e negar o processo organísmico. A natureza da socialização é de tal ordem que ela interrompe e atropela o funcionamento regular dos roteiros internos da pessoa, mas esse funcionamento é o ritual da existência do organismo. Exemplos simples são ir dormir à noite e levantar de manhã, inspirar e expirar, ter fome e se sentir saciado, ficar cansado e descansar, ficar sexualmente excitado e depois entregar-se ao orgasmo. Quando alguém começa a deixar esses acontecimentos se imporem, o processo começa a alterar a programação social.

O processo revela a si mesmo por intermédio dos acontecimentos na sua vida — alguns dos quais são ritualísticos e recorrentes, enquanto outros não —, os chamados espontâneos. A experiência crescente do processo afasta a sua atenção do ego e do aspecto social. Você começa a discriminar entre a vida do seu corpo e os papéis da sociedade.

Por exemplo, o cansaço é uma mensagem para repousar vinda do aspecto visceral que irrompe na sua percepção quando seu *self* social está prendendo a sua atenção. Nesse momento, você pode estar em meio a uma conversa animada, ou se concentrando em uma parte do seu trabalho, ou dirigindo no trânsito. O cansaço é uma mensagem forte que, se for ignorada, conduz à doença.

A mensagem de cansaço começa primeiro como um diálogo entre o *self* visceral e o *self* social. Cresce quando o *self* social a ignora, a desconsidera ou atropela esse diálogo. O cansaço é, portanto, uma porta para uma parte do próprio *self* pela qual você pode entrar concentrando-se nos seus sentimentos.

A sociedade considera os negócios, os papéis científicos e outros papéis sociais estabelecidos como vida normal. Isto pode fazê-lo acreditar que o que não se encaixa neste esquema é louco, ruim ou assustador, mas esse julgamento é exercido somente pela crítica social introjetada. Esse julgamento é um dos dominadores ou tiranos das nossas reuniões de conselho. Saber isso é começar a alterar o condicionamento social.

Cada membro do conselho é um eufemismo para muitos processos complexos. Exatamente como o seu ego ou *self* social expressam-se de várias maneiras, também o *self* sensível têm um amplo espectro de sentimentos e recordações. De fato, cada membro do conselho possui uma gama natural de sentimentos e ações. Você pode conhecer o seu aspecto sentimento por meio da tristeza num dia, da raiva no outro. Você pode experienciar o sonhador em você por meio de um pesadelo. Ou pode encontrar o *self* da ação pela tensão nos ombros. O *self* não é único, é muitos e muitos mais.

DESENVOLVENDO DIÁLOGOS INTERNOS

Desenvolver diálogos internos não significa se analisar, se criticar ou resolver problemas, nem é uma tentativa de resolver conflitos. Processo é a interação de todos os nossos *selves* vivos. O objetivo é experienciar a nós mesmos em toda a nossa riqueza biológica.

Os aspectos do *self* não existem isoladamente, mas em interação. A pessoa não experiencia só um aspecto do *self,* separado dos outros, mas é possível experienciar seus padrões de cooperação ou não-cooperação.

Penso em um cliente que me disse que se sentia triste, mas não sabia por quê. Expliquei-lhe como poderia ter contato com aquilo com que estava conectada a sua tristeza, fosse o que fosse, pois isso talvez revelasse parte de seu roteiro. Depois de várias semanas, ele me disse que seu sentimento de tristeza o recordava de sua namorada e sua mãe. Meses depois, comentou que seu sentimento de tristeza lhe falou da maneira como via o mundo e da maneira como ele respondia ao mundo. Ele se apercebeu de que via as mulheres como seres desamparados e reagia com tristeza. Descobriu, por meio dessa experiência, algo do seu roteiro sobre as mulheres e sua própria sensação de tristeza.

Desenvolver um diálogo interno é uma maneira de se conectar com aspectos da experiência que não são verbalizados, não são representados em imagens e não são categorizados. Esses aspectos parecem ser um conhecimento direto, ou experienciação. São experiências que vivemos, mas não podemos explicar. Comparada a uma peça de teatro, a entrada de cada personagem no corpo da peça poderia ser a introdução de cada desejo, sentimento e necessidade não verbalizados. Essas interações dos personagens se refletem no palco da nossa imaginação, da nossa vida onírica e das nossas experiências.

Desenvolver diálogos internos é manter uma conversa com nossos membros do conselho, uma conversa sem palavras, uma conversa em que partes silenciosas ou desconhecidas de nós mesmos começam a se pronunciar.

Os aspectos do ego aparecem como objetivos e padrões de auto-reconhecimento. Esta é a parte que parece sempre criar dualidades, medir as coisas, ser objeto de comparações, avaliar eventos como bons ou maus, e que cria ou abandona limites. Este aspecto pode se apresentar em sonhos com um papel consistente, sempre exercendo a mesma atividade ou sempre sendo o *self* atrás dos olhos que "vêem" o sonho.

O aspecto social é aquela parte que internaliza e exerce papéis sociais como se tivessem sido criados internamente. Esse aspecto diz respeito ao comportamento "correto". As técnicas da Bioenergética e da Gestalterapia têm apontado com sucesso como alguém exerce o papel da mãe ou do pai, do protetor e do que pune, do confrontador, do mártir, do rebelde e assim por diante.

O sonhador dentro de nós é um conduto direto até os estratos mais profundos da vida no nosso *self.* Os sonhos são muito complexos e se abrem a muitas interpretações possíveis. As pessoas que são pacientes o suficiente para manter diários de sonhos durante anos começam a ver padrões emergindo desse rico terreno. Pelo menos uma cultura, a Senoi do Pacífico sul, é famosa por construir sua sociedade em torno de sua vida onírica. A estrutura da terapia jungiana é a análise e interpretação sistemáticas do sonho — um processo muito intenso durante um certo tempo. Procure padrões nos seus sonhos. Descrevê-los regularmente a um amigo é algo que pode ajudar.

Como você adormece? Como adormecer é diferente da percepção consciente comum? Veja quão longe você consegue seguir o processo antes que o sono o domine. Perceba as suas atitudes e sensações. Há um padrão para entrar no sono? Você usa algum ritual especial, ou entra em algum espaço especial? Se tiver, veja o que pode descobrir sobre esses hábitos sem alterá-los ou avaliá-los.

Quando você deita no chão e depois fica de pé, o que o impede de cair no chão novamente? Seus músculos e ossos? Sua "decisão" de permanecer em pé? Enquanto está de pé, quantos músculos no seu corpo podem relaxar sem que você caia? Muitas pessoas evitam a ansiedade através das contrações musculares. Os padrões dessas contrações com relação a ficar em pé podem ser aprendidos e até transmitidos de pai para filho. Essas contrações são atitudes que fazem parte da nossa personalidade. Se você estiver ou puder se tornar consciente de um gesto ou uma expressão facial que faz automaticamente, "exatamente como a mamãe" ou "do jeito que papai fazia", terá descoberto um exemplo de diálogo interno silencioso, e estará aprendendo como você cria suas atitudes corporais.

A medicina ocidental sempre pressupôs que as pessoas não podiam ter influência sobre os sistemas involuntário ou autônomo do corpo, tal como os batimentos cardíacos, a temperatura e a pressão sangüínea. Estudos recentes sobre o estresse e o desenvolvimento do treinamento de *biofeedback* mudaram essa opinião. Estudos sobre a respiração realizados por pessoas como Alexander Lowen, Wilhelm Reich e Karlfried Durckhiem tentaram encorajar a expressão e a emoção do corpo.

Ao deitar quieto, com os olhos fechados, que qualidade de sentimentos surge de sua respiração e de seu pulso? Isto o ajudará a experienciar o seu corpo partindo de dentro, em direção à superfície. Sensações, sentimentos e qualidades da excitação brotarão em um padrão para diferentes partes do corpo, fazendo surgir anseios e imagens de ação, deixando-nos construir a linguagem da nossa história.

Quando nos conectamos conosco desta maneira, entramos em foco, temos uma experiência mais nítida de nós mesmos e definimos nossa mitologia. Como meu amigo Sam Bois, o semântico, escreveu respondendo à leitura de uma primeira versão deste livro: "Ao aceitar uma nova experiência e formulá-la para mim mesmo, entro em um novo mundo que criei e saio dele diferente".

MUDANDO AS PERCEPÇÕES

Não existe somente uma maneira de se estar vivo. A vida, segundo Bois, é multiordinal.[8] A vida é experienciada em muitos níveis. Cada nível tem sua própria gama ou espectro singular de experiências, sua própria validade. Cada nível tem autonomia e não pode ser invalidado ou reinterpretado por outro nível.

Quando eu digo "Vou dormir" e me observo deixando o mundo acordado, entro em outro mundo, com um tempo e um espaço diferentes. Esse mundo do sonho não é irreal. É um tipo específico de realidade, diferente da realidade comum.

Levei muito tempo para aprender a linguagem da pequena morte. Tive de diferenciar entre observá-la e experienciá-la. Nosso sistema habitual de conhecimento está baseado na idéia de nos distanciarmos de um objeto para aprender sobre ele. Praticamos ganhar conhecimento pela distância e pela observação, mas fazemos parte de uma evolução que caminha para uma nova subjetividade. Como cultura, estamos nos afastando cada vez mais da velha ciência com seu modo distanciado de objetificar o mundo. Estamos nos tornando mais participantes.

Assim que descobri que muitos dos meus medos de morrer estavam relacionados a observações programadas, comecei a estabelecer a conexão de que o mundo socializado nos ensina a perceber o

---

8. *The Art of Awareness*. Wm. C. Brown Co., 1966.

viver de uma maneira específica. Somos encorajados a concordar, a agir "como se" isso fosse verdade. Então resistimos a alterar essa imagem de mundo "civilizado"; tememos estar loucos. Estamos despreparados para uma vida de experiências e percepções em mudança. Qualquer desvio é ameaçador. Portanto, tendemos a invalidar experiências incomuns, menosprezar e desvalorizar o incomum como algo que não é confiável, que não apresenta uma imagem verdadeira. Poucos de nós têm disposição para ser diferentes.

Morrer é entrar em outra ordem de percepções, em uma dimensão que está conosco o tempo todo mas é negada habitualmente. Nossa noção de tempo, espaço, emoção e relações deve ser alterada. Morrer pode ser excitante se você valorizar o movimento em direção ao desconhecido.

Viajando dentro de um carro, levei uma batida lateral de outro automóvel. Fui arremessado para fora do carro. Subitamente, tudo tornou-se ampliado, havia uma percepção incrível e indelével dos detalhes. O tempo era um *close* focado em câmera lenta, um panorama de cores e sons vibrantes. Tudo o que havia de costumeiro tinha sumido. Eu estava totalmente imerso nesses acontecimentos imediatos e consciente de que poderiam ser os últimos momentos de minha vida. Não sentia medo, estava completamente envolvido pela percepção. Devo dizer que foi lindo.

Um velho filme de Alfred Hitchcock termina quando Gregory Peck leva um tiro. Nós o vemos cair e a câmera então se desloca rapidamente para que a cena seja vista de cima por seus olhos agonizantes. A escada em espiral sobre sua cabeça, que ele acabou de descer, começa a rodopiar e desvanecer-se. A imagem rodopia, cai, encolhe, recua, esforçando-se para captar essa dimensão da expressão, para dar a imediaticidade do que possa ser morrer, não diferente da minha experiência no acidente de carro.

A maioria das pessoas reconhece sua vida inteiramente em um mundo de símbolos — palavras, pensamentos, outros conceitos verbais, mas todo mundo vive dentro de um padrão de sensações, imagens, fantasias e várias configurações de sentimentos que são não-verbais, quer o reconheça, quer não. Conectar-se com essa existência não-verbal desafia nossa visão de mundo aceita, institucionalizada, social.

Temos muito medo de que sensações e sentimentos não familiares invadam nosso mundo conhecido. Todos se defendem desse avassalamento. Às vezes, quando amigos me falam de uma nova experiência e de seu medo de serem avassalados por ela, peço-lhes para me contar: qual é o lugar de que temem não voltar? Em que lugar se encontram agora que lhes faça pensar que este é um lugar que é melhor não perder? Qual a sensação de estar numa transição entre o conhecido e o desconhecido?

Quando estou trabalhando com um grupo de pessoas, tem sempre alguém que me diz não sentir nada. Lembro a elas, então, que nada também é uma experiência. Com que se parece essa percepção do nada: anestesia? Deixe-a falar. A experiência do nada, assim como qualquer outra percepção incomum, pode ser uma ponte, pode ser o instrumento para se fazer mais conexão consigo mesmo. Não sentir nada pode ser uma afirmação de onde desejaríamos estar, ou do que nos assusta. Desse nada algo pode brotar. Essas percepções podem ser aquilo com que se parecerá sua morte, ou não, mas elas podem lhe dar uma idéia do desconhecido e de como você o aceita ou rejeita.

Viver o seu morrer é ser capaz de aceitar as mudanças de percepções como uma parte verdadeira da auto-experiência. Aceitar uma experiência inabitual sem medo de julgamento pode significar se contrapor ao modelo cultural, mas nos permite afirmar o que é, em vez do que deveria ser. Alpinistas que caíram centenas de metros em bancos de neve relataram, posteriormente, que toda a sua vida passou em um instante diante de seus olhos em grandes detalhes durante a queda. No ano passado, na Califórnia, um pára-quedista de dezessete anos pulou de um avião e seus dois pára-quedas falharam. Caiu de milhares de metros numa estrada asfaltada e sobreviveu. Só quebrou o nariz. Ele relatou a mesma experiência "alucinatória": sua vida passando num instante, como se fosse uma revisão.

Um matemático com o qual trabalhei estava deitado quando, de repente, pareceu parar de respirar. Parecia sem vida, como num transe. Chamei-o. Finalmente, ele se ergueu. Disse-me que estava usufruindo de um sentimento muito prazeroso, maravilhoso. Percebera minha preocupação, estava atento a mim, mas queria o devaneio que havia descoberto. Pensando nisso, tentei a seguinte experiência: imaginei que a sala estava se afastando, como se estivesse no final de um túnel. Os sons pareciam atravessar uma grande distância antes de chegar aos meus ouvidos. Os ruídos pareciam ecoar e rodopiar em torno de mim. O túnel era um rodamoinho me distanciando do mundo. Eu estava me encolhendo, ficando menor, rodopiando cada vez mais, como se estivesse passando pelo ralo da banheira. Senti que o mundo estava recuando.

Fiquei pequeno, com dez anos. Sete anos, depois três, menor ainda. Eu era um ponto no espaço, um ser não-nascido. Havia uma parede de luz fluindo na escuridão. O vazio. Depois, um *flash*. De repente, me expandi. Rapidamente, fui ficando cada vez maior, maior que o quarto, maior que a casa, maior que um quarteirão de casas.

Experiências mutantes são processo — elas expandem ou explodem o mundo, ou encolhem e cortam o contato com ele. Uma percepção mutante não é um sinal de doença ou insanidade. Se eu estiver perdendo a razão, não terei nada quando a perder, mas o que posso vir a ser pode não caber na definição cultural da normalidade ou usualidade.

A cultura nos diz como enganchar nossas vidas na memória e na projeção. Assim, nos agarramos ao passado ou ao futuro e os comparamos ao presente. A experiência diz que minha vida é processo. Minhas percepções mutantes, crescentes, ajudam a isolar a mitologia da sociedade sobre morrer e cultivar minha própria experiência, minha mitologia pessoal.

Imagine um fluxo ou uma corrente, um jato de água se movendo dentro de você, não faz diferença se começa na barriga ou na cabeça. Esse fluxo de água, chuva, sol ou eletricidade se move dentro de você como uma corrente de excitação, de luz excitada. À medida que você a imagina se movendo, diferencie no seu corpo entre imaginá-la e experienciá-la. "Ah, eu a imagino, vejo uma imagem, ou o que for. Também a sinto, posso localizá-la em mim." Existe uma separação entre a imaginação e você? Existe um pensar separado de um experienciar? Você pode separar o que está acontecendo das imagens e concepções que tem? Você pode aceitar esse tipo de experiência?

Se puder, seja esse fluxo de excitação agora. O que diz a você mesmo? Quando fiz isso, descobri que minha excitação era de alta ou baixa intensidade, aguçada ou entorpecida. Vinha e ia embora. Ocupava-me todo, ressoando na minha cabeça, no meu corpo. Naquele ponto, eu não tinha imagens, pensamentos ou concepções. Eu era um oceano, um padrão ressoante de excitação, uma pulsação, uma vibração. Este era meu espaço, onde eu estava sem limites. De modo semelhante, talvez morrer possa ser a disponibilidade de estar vivo sem quaisquer imagens ou limites do que poderia ser a morte.

O DESEJO DE MORRER

A volúpia de viver. Nascemos para querer, nascemos com o sentimento de viver, com o desejo de usufruir. As agitações por que passamos, a violência com a qual afirmamos nossas necessidades, a febre são testemunhos da nossa ânsia de viver, de ter um final em aberto.

Meu pai me contou, depois de passar por uma cirurgia, que quase havia morrido devido a complicações. Por zombaria, repliquei: "E por que não morreu?". Pasmado, ele respondeu: "Eu estava com medo. Gosto de viver. Amo viver".

Escolhi nascer e escolherei morrer. Que alívio. Desvanece-se o peso de ser uma vítima, caçado pela morte. Há aspectos meus ansiando por terminar a qualquer momento, e outros não. Vivencio muitas finalizações na história de minha vida. Tomo a decisão de morrer para evitar morrer mecanicamente, rotineiramente; uma morte a mais, não a minha morte. Quero terminar como a minha vida, onde não sou apenas levado pela força da vida como a corrente de um rio. Penso no ensinamento cabalístico de que um homem deve aprender a nadar contra a corrente ou nunca saberá quem é. A capacidade de dizer não, de inibir o fluxo da excitação, o fluxo da vida, assegura a individualidade. O desejo de morrer é a disponibilidade de viver minha vida e minha morte. Neste sentido, meu término é um suicídio.

Esse tipo de pensamento é um tabu. Esse ato é chamado de autoassassinato. Portanto, concordo em deixar que os outros me matem, ou finjo que me deixo morrer. Todos nós sabemos mais sobre morrer do que desejamos ou queremos admitir. O extremo dessa atitude é que matamos a nós mesmos voluntariamente. Ou bem a cultura me mata ou eu acabo comigo mesmo.

O desejo de morrer está em todos nós e surge em todos nós, mais cedo ou mais tarde. Ele brota do organismo com um impulso vivo. É uma paixão saudável, uma paixão natural, como o desejo sexual. Cresce dentro de nós, nós o herdamos. Nosso código genético conhece o morrer; sabe como terminar e mesmo sob que circunstâncias dar a partida. A pergunta sobre o suicídio transforma-se em: "Tenho de admitir a mim mesmo que quero morrer antes que me torne um suicida?".

Limitamos a responsabilidade que ansiamos por assumir por nossa vida a uma gama estreita de decisões. Só as ações que violam esses limites estreitos são culposas. Aceitamos a assim chamada "morte natural", mas não o morrer autopraticado. Admitimos que morremos, mas não que terminamos conosco. Podemos permitir que outros levem nossa vida, mas nos proibimos de terminar conosco abertamente.

Um amigo psiquiatra falou-me de uma mulher negra com tuberculose que vivia em estado de pobreza e desespero totais, na Geórgia. De algum modo, ela entrou num hospital muito famoso para doenças pulmonares no Colorado, onde teve uma recuperação muito boa. No entanto, quanto melhor ficava, mais ansiosa se tornava. A ameaça de voltar ao estilo de vida do seu passado e sua inabilidade para ficar em Denver sem capacitação profissional ou dinheiro era algo devastador para ela. Ficava repetindo sem parar: "Mabel vai morrer". Ela morreu em duas semanas. A autópsia mostrou que não havia patologia que conduzisse à sua morte. Alguém poderia dizer que Mabel morreu de desespero. Ela não tinha alternativas para viver; ela não poderia estar doente, não poderia estar bem. Conseguiu o amor e o cuidado de que necessitava, mas não tinha como continuar tendo, não sabia como consegui-los. Nesse momento decisivo, ao perder os cuidados, seu sentimento de desamparo e seu desamparo real estabeleceram um estado de desesperança que seu cérebro deve ter reconhecido como uma situação que pedia a morte. Ela não podia se expandir e não o fez. Escolheu uma morte congelada. Estava desamparada. Ela profetizou com exatidão a própria morte. Atuou seu desejo de morrer. Ela não era passiva, era uma suicida, uma moribunda ativa, uma finalizadora.

O mito é que a morte é um inimigo a ser superado, que ela o pegará mais cedo ou mais tarde e que ela é intrinsecamente má. Em nenhum lugar, a morte violenta é defendida abertamente como nossa maneira preferida de morrer. As pessoas que vivenciam essa mitologia nas suas mortes recebem as medalhas da cultura. Elas morrem "bravamente", "heroicamente", "depois de uma longa batalha", "significativamente" e assim por diante, e ganham placas de bronze.

Em uma cultura que oferece tantas recompensas positivas por suportar o estresse, como destaque social, altos salários, estilos de vida glamourosos e poder, pode-se argumentar que as mortes resultantes das doenças do estresse (pressão alta, certos tipos de doenças cardíacas e muitas doenças raras) são mortes culturais. Talvez o suicídio, o desejo de morrer, seja condenado porque nega o par de mitos da produtividade e avanço cultural. Precisamos de trabalhadores compulsivos, orientados para realizações, para manter nossos objetivos sociais. A decisão de morrer é um golpe no próprio cerne dessa necessidade. Pode-se dizer que as pessoas que abraçam os valores da cultura e têm sucesso na vida, nos próprios termos da cultura, estão vivendo a vida da cultura. Elas também podem ter de viver a morte da cultura. Os jornais estão cheios de exemplos.

A decisão de viver nosso próprio morrer é a decisão de se reservar o direito de pôr um fim a si mesmo. É a decisão de aceitar a responsabilidade pelo seu viver e pelo seu morrer. É a decisão de fazer contato com sua vida, sua morte.

Em outras épocas e culturas, encontramos precedentes excelentes para assumir a vida nas próprias mãos. Citando a *Summa Theologica de Santo Tomás*: "Se você ler o Evangelho, ele diz 'Cristo gritou em voz alta, inclinou Sua cabeça e morreu'". Santo Tomás estava afirmando que Cristo escolheu o momento de Sua morte. Ele criou Sua própria morte. Não foi passivo diante dela. A morte não veio buscá-Lo. Cristo desafiou a mitologia de que a morte vem buscá-lo. Cristo escolheu o martírio e Ele o conhecia. Há muitas afirmações na Bíblia mostrando que Cristo compreendeu Seu estilo de morrer e o viveu.

Cristo deu-Se ordem para libertar Seu espírito, abdicar do Seu ser, seja qual for a linguagem que usou. Dou-me ordem para desintegrar. Dou-me ordem para ir dormir e morrer. Para terminar. No passado, os esquimós viviam em um ambiente controlado, em que seu suprimento de comida era estritamente limitado. Numa certa idade, todos saíam na neve para congelar. Está aí um povo que sabia conviver muito bem com o suicídio, sem morbidez.

Há muitos exemplos de budistas morrendo durante a meditação, exemplos que tornam claríssimo que eles escolheram o estilo de sua morte e, com freqüência, o horário também. Philip Kapleau, em *The Wheel of Death*, [*A roda da morte*], relata muitas histórias desses suicídios voluntários.

É minha opinião que uma pessoa está pronta para terminar, ou que o processo de morrer verdadeiramente constrói o momento em que a pessoa sente que sua experiência atingiu um ponto a partir do qual ela não poderá se expandir ou não poderá ser assimilada como ação no mundo. Podemos estar prontos para morrer porque vivemos nossa vida até o fim. Preenchemos nosso espaço e, agora, retiramo-nos dele.

A disponibilidade de viver minha própria morte é a minha disponibilidade do poder sobre minha morte que estava delegado às instituições: médicos, advogados, agentes funerários. Também significa a disposição para tornar-me consciente dos programas sociais do morrer que estou vivendo, e evitá-los ou superá-los. E significa a disponibilidade para saber que a morte sou eu e que tenho meu próprio programa para morrer.

O suicídio não precisa significar pular de janelas, nem tampouco significa que deva ser voluntário. Mas o suicídio pode ser a afirmação final da liberdade humana. Também pode ser uma maneira de rejeitar uma morte que se teme e uma maneira de afirmar uma escolha. O suicídio pode ser um ato profundamente religioso.

Duas pessoas que conheci, que viveram juntas por um longo tempo numa relação muito criativa e que tinham muitas dependências mútuas foram subitamente confrontadas por um dilema terrível. A mulher desenvolveu uma doença debilitadora séria, cuja história era de dor e desamparo crescentes. Ela estava, na época, com seus setenta anos. Encarando francamente o fato de um futuro reduzido, ela assumiu a tarefa de encerrar seus negócios para que pudesse terminar sua vida com dignidade. Esperava evitar a maioria das maneiras como a cultura trataria seu tipo de morte, num hospital, toda dopada. Em vez disso, ela escolheu uma maneira de terminar que foi recuperar o controle de sua vida, evitando um retraimento prolongado do mundo.

Seu marido, um homem criativo, com boa saúde, decidiu que preferia morrer com sua mulher do que sobreviver a ela. Ele desejava manter seu vínculo com ela. Não queria carregar a dor e a solidão de sua perda e as dificuldades de formar novos relacionamentos. Também ele escolheu seu estilo de morrer.

Juntos, encerraram seus negócios silenciosamente, se vestiram e tomaram comprimidos para dormir. Seu morrer foi uma surpresa para os amigos e parentes, mas eles a planejaram minuciosamente e ela ocorreu sem morbidez. Eles puderam morrer como viveram — seu morrer foi seu viver. Mabel morreu, mas nunca soube que podia fazer seu próprio morrer, nunca soube que podia encontrar maneiras de estar viva enquanto morria. Participar e não participar são a diferença entre o mundo animal e o humano. Submissão ou participação. Podemos alterar nossas circunstâncias; os animais, não.

Há um mundo e há muitos. Vivemos em um mundo. Podemos viver em muitos. Não há um corpo, há muitos. Não morremos em um mundo, mas em muitos. O(s) mundo(s) em que vivemos é(são) o(s) mundo(s) em que morremos. Conheço pelo menos quatro; cada um tem um *self,* um corpo. Há um mundo mecânico de estrutura bioquímica e anatômica. Há um mundo vegetal, com seu sistema sangüíneo e nervoso, como uma árvore. Há um mundo animal, o mundo emocional. E há o mundo humano de valores e relações criadas. Vivemos em todos eles. Os três primeiros são dados; no mundo humano nós entramos e o criamos. Todos nós nos tornamos humanos e desenvolvemos mais ou menos a nossa humanidade.

Cada um desses mundos tem sua própria maneira de morrer com suas próprias imagens, quer seja determinado ou capaz de ser criado. Estou dizendo que nos primeiros três mundos a morte é algo dado, é um evento predeterminado inescapável. No mundo mecânico, as partes quebram. A estrutura entra em colapso. No mundo vegetal, ciclos de crescimento levam a florescer e a decair. No mundo animal, o mundo das emoções e instintos, morrer é algo ora assustador, ora aceito. Os animais morrem o seu destino, mas eles não o fazem. No mundo humano, temos a oportunidade de fazer o nosso destino e morrê-lo.

A reencarnação e a vida após a morte parecem-me parte do mundo vegetal, mas a pergunta não é se existe uma vida após a morte. A afirmação, na verdade, é que podemos escolher criar e descobrir nossa própria visão do mundo e vivê-la como pudermos, sem dogmas.

A mente opera por duplicação, evidências e provas. Na dimensão da auto-experienciação, há conhecimento sem a necessidade de provas. Temos a oportunidade de viver uma ou outra dessas dimensões, ou as duas. Levar a nossa experiência a sério em qualquer uma das dimensões é viver nossa vida e sua morte.

Ao despertar e dormir, o campo da volição é uma linha delgada. Decido ir dormir toda noite, mas se eu não o fizesse seria tomado pela exaustão de qualquer forma. Penso na prece da infância: *"Now I lay me down to sleep / I pray the Lord my soul to keep / And if I die before I wake / I pray the Lord my soul to take"*.[9] O sono é um exercício, uma rendição voluntária ao desconhecido. O sono é uma pequena morte, uma finalização.

A decisão de integrar nosso estilo de morrer, de não temer o morrer como uma alternativa viável, fortalece nossa vida. A vida fica mais rica; não há mais morbidez. Morrer pode ser mórbido para muitas pessoas ou um derrotismo racionalizado. Isto é resignação. A pessoa que ama a vida, que participa de seu morrer, pode arriscar-se a viver criativamente e morrer assim.

O conhecimento do morrer é uma expressão do viver, de uma mentalidade saudável, à medida que nos integramos e nos expandimos. Vida é viver, são as variedades incontáveis do viver. A descoberta de que nós terminamos deixa a porta aberta para vivermos nossas vidas e gerar o conhecido a partir do desconhecido. Inclusive a morte que moldarmos.

---

9. "Agora deito para dormir / Peço ao Senhor que guarde minha alma / E se eu morrer antes de acordar / Peço ao Senhor que leve minha alma". (N. do T.)

FUNDINDO-SE

Nosso morrer dá à nossa experiência uma intensidade, uma imediaticidade, uma seriedade e uma inocência que nunca conhecemos ou que esquecemos. A minha experiência com as pessoas me mostrou que é a intensidade e a vivacidade da percepção do que é a sua vida que as assusta. A maioria dos grandes místicos e santos fala da singularidade de suas vivências e de sua descoberta do mundo em um grão de areia, como disse Blake. Morrer nos faz voltar novamente a esta permanência nos nossos sentidos, emoções e eventos, numa avaliação da vida em que estamos. A imaginação não pode nos levar lá; ela só pode nos preparar para o acontecimento.

Quando pisamos fora dos nossos papéis socais, quando nos desengajamos dos nossos medos programados, quando mergulhamos no rio da auto-experienciação, ficamos banhados, imersos no mundo não-verbal, não-conceitual, não-visual, não-idealizado. Estamos realmente no mar da criação. Estamos no mar a partir do qual criamos nossas próprias vidas. Quando você encontra as suas próprias respostas, elas são você.

STANLEY KELEMAN

Pioneiro no estudo do corpo e de sua conexão com os aspectos emocionais, psicológicos, sexuais e imaginativos da experiência humana, exerceu e desenvolveu a psicologia somática por mais de trinta anos. Nascido no Brooklin, vive atualmente em Berkeley, Califórnia, com sua mulher e duas filhas, onde exerce sua atividade profissional individual e grupal e é diretor do Center for Energetic Studies.

Livros de Stanley Keleman publicados no Brasil pela Summus: *Padrões de distresse;* agressões emocionais e forma humana, 1992; *Anatomia emocional*, 1992; *Realidade somática;* experiência corporal e verdade emocional 1994; *Corporificando a experiência*, 1995; *Amor e vínculos*, 1996; e *O corpo diz sua mente*, 1996.

O CENTER FOR ENERGETIC STUDIES

O Center for Energetic Studies, sob a direção de Stanley Keleman, busca estruturar uma abordagem contemplativa moderna do autoconhecimento e do viver em que o próprio processo subjetivo dá origem a um conjunto de valores que, depois, guiam o todo da vida de alguém. Os valores atuais estão cada vez mais divorciados dos nossos processos mais profundos e a experiência corporal tem sido mal compreendida e relegada a um segundo lugar.

A realidade somática é uma realidade emocional muito maior do que os padrões genéticos inatos do comportamento. A realidade emocional e o substrato biológico são a mesma coisa e não podem, de forma alguma, ser separados ou dissociados. O substrato biológico também significa gênero, as respostas do macho e da fêmea que são inatas à vida humana, a identidade sexual com a qual nascemos. A realidade somática está no centro mais íntimo da existência; é a fonte dos nossos mais profundos sentimentos religiosos e percepções psicológicas.

Os cursos e programas no Center oferecem uma prática psicofísica que leva ao exercício das maneiras básicas com que uma pessoa aprende. A questão-chave é como usamos a nós mesmos — aprendendo a linguagem do como as vísceras e o cérebro usam os músculos para criar comportamento. Esses cursos ensinam o aspecto somático essencial de todos os papéis e dramatizam as possibilidades de ação, para aprofundar o sentido de conexão com os muitos mundos de que todos participamos.

Para mais informações, escreva para:
Center for Energetic Studies — 2045 Francisco Street

www.gruposummus.com.br